デカルトの自然哲学

デカルトの自然哲学

小林道夫

岩波書店

LA PHILOSOPHIE NATURELLE DE DESCARTES

by Michio Kobayashi

First published 1993
by Librairie Philosophique J. VRIN, Paris.

This Japanese edition published 1996
by Iwanami Shoten, Publishers, Tokyo
by arrangement with
Librairie Philosophique J. VRIN, Paris.

目　次

序　　論 ………………………………………………… 1

I　『規則論』の過渡的思想 ………………………………… 11

1　新しい学問論 …………………………………………… 12
——「普遍数学」の構想——

2　『規則論』の認識論とアリストテレス主義 ………… 18

II　永遠真理創造説 …………………………………………… 29
——デカルトの自然哲学の形而上学的基礎——

1　永遠真理創造説の意味 ………………………………… 29

2　デカルトの主要著作における永遠真理創造説の登場 …… 39

III　自然学の基礎づけとしての『省察』……………………… 53

1　コギトとアリストテレス主義経験論の排除 ………… 53

2　神の存在証明 …………………………………………… 60
——万物の創造者あるいは作出原因としての神——

3　数学的物理学の設定 …………………………………… 78
——物質的事物の本質規定と存在証明——

IV　デカルトの自然学と古典力学の形成 …………………… 87

1　デカルト自然学の基本概念と自然法則 ……………… 87

2　デカルトの科学方法論 ………………………………… 103

3　アリストテレス自然学の批判 ………………………… 113

4 ニュートンにおける力学形成の土台 …………………… 117
——『哲学の原理』第二部をめぐって——

5 静力学におけるデカルトの貢献 ………………………… 121
——仕事の概念の定式化と仮想変位の概念の提示——

6 流体力学におけるデカルトの業績 ……………………… 128
——液体の噴出速度と噴出後の運動の問題——

V デカルト自然学の限界と問題 ………………………… 137

1 宇宙論的物理学の構成…………………………………… 138
——物質と延長空間との同一化——

2 デカルトの質量概念……………………………………… 139

3 デカルトの重心概念……………………………………… 145

4 デカルトの重力概念と天の微細物質 …………………… 147

5 デカルトと物体の自由落下の問題 ……………………… 151

6 デカルトと複振子の振動中心の問題 …………………… 157

VI デカルト自然学の批判的改編 ………………………… 165
——ホイヘンス，ニュートン，オイラーの場合——

1 ホイヘンスによるデカルト自然学の継承と改編 … 165

2 デカルトの自然哲学に対するニュートンの批判 … 174

3 オイラーのデカルト主義とニュートン力学の発展 … 179

結び デカルト自然学の価値と射程 ……………………… 191

注 …………………………………………………………… 197

あとがき……………………………………………………… 223

序　論

本書で私が主眼とするのは，まずデカルトの形而上学をその自然学との連関のもとで探究し，ついでその自然学の内容を検討して，デカルトの自然学の価値，その限界，その意義を，近代における物理学の発展の歴史を念頭において明らかにするということである．

哲学史上，デカルトの体系ほど数多くの解釈を喚起したものは少ない．デカルトの哲学は一方で，明証性を規範とする主知主義ないし合理主義哲学の典型とみなされるとともに，他方で，コギトを哲学の第一原理に置いたことから，近世の観念論ないし意識中心主義の祖とみなされ，時にはある種の形而上学的，唯心論的経験を核心とする哲学とみなされたりもする．しかし，そのような場合，大部分の解釈者は，この体系のなかの科学に関わる部分を十分考慮に入れることなく，解釈の焦点をもっぱら狭義の形而上学に向けている．もちろん，誰も，デカルトの形而上学の研究に傾注している専門家をそのことで批判することはできない．デカルトの形而上学は，その尽きせぬ豊かさと思想史上の重要性からして，それだけでこの哲学者に関する探究のなかでも特別の位置を占めうるからである．

しかし，もしわれわれがデカルトの体系を体系として，しかもデカルト自身の意図に即して理解しようと望むならば，彼の形而上学を諸科学とりわけ自然学との関係のもとで検討することは不可欠であるように思われる．というのも，デカルトの主要著作のどれ一つをとっても，自然哲学に関係させることなしに形而上学を展開しているものはないからである．さらにはデカルト自身，彼の哲学探究の過程で一度ならず，自分の自然学の基礎を構成しているのは自分の形而上学であると明言しているからである．実際，デカルトは，彼の哲学上の思想と自然学の体系とを最終的な形で表現しようとし始めるとき(すなわち 1630 年頃)，メルセンヌ宛の書簡(1630 年 4 月 15 日)で次のように書いている．「私は，もしこの〔形而上学の〕途によって自然学の諸根拠を探究しなかったとするならば，それらをけっして見出すことはできなかったでありましょう[1)]」．この形而上学の途というのは，デカルトによれば，神を知り，われわれ自身を知ること，すなわち「神の存在と，身体から分かたれた場合のわれわれの魂の存在とを証明すること[2)]」にあるのである．さらに，デカルトは同じ書簡で「自然学においていくつかの形而上学上の問題，とりわけこのこと〔永遠的と称される数学的真理の創造〕に触れないわけにいかないでしょう[3)]」といっている．デカルトはそれゆえ，彼が自然学の諸根拠を見出し，確立しえたのは，まさしくこの，魂と身体との「二元論の形而上学」といわゆる「永遠真理創造説」とによってであると宣言しているのである．この点については本論で詳しく論述することになるが，これらの二つの教説はデカルトの形而上学の主軸を構成し，実際に彼の自然学の基礎づけを果たすものとなるのである．

さらにデカルトは，後になって自分の『省察』の手稿をメルセンヌに送ろうと準備しているとき，メルセンヌに次のように言明している．「この短い形而上学は……私の自然学のすべての原理を含んでいます[4]」．また同じ文通相手に対するもう少し後の書簡でデカルトは同じことを繰り返しのべ，しかもこの時には『省察』の出版の密かな目的を打ち明けている．そこで，その目的とは，アリストテレスの自然学の諸原理を解体して彼自身の自然学の諸原理を確立することだというのである[5]．ここで以上のことに加えて，デカルトにとっては「哲学全体は一本の樹のようなもので，その根は形而上学であり，幹は自然学であって，その幹から発する枝が他のすべての学問である[6]」ということを思い起こす必要はあるまい．この哲学者にとって，自然学は樹の根を構成する形而上学からしか成長しえないのである．

これらの事実がいったん認められるならば，デカルトの形而上学をそれと彼の自然学との連関のもとで探究することがデカルトの解釈者にとって第一義的な仕事となる．というのも，デカルト自身が形而上学が彼の「哲学という樹」において幹としての自然学の根を構成するという点を強調しているのであるから，デカルトの体系を体系として理解しようと努めるものは誰しも，彼の形而上学を自然学に関係づけることなしに検討することで満足できようはずがないからである．そういうわけで，このデカルトの形而上学と彼の自然学との関わりという問題の究明が本書における私の第一の課題となる．

私は本書の論述をまず『規則論』に手短に言及することから始めたいと思う．それは，デカルトが『規則論』ではまだ彼の最終的な哲学の立場に至ってはいないということを確認するためである．『規則論』においてデカルトは，一方で「存在の類(genus entis)」

の概念に基づくアリストテレスの学問論を破る新たな学問論(「普遍数学」の構想)を提示しつつも，他方で認識論に関してはなおもアリストテレスの経験論にとどまっており，『規則論』と後の著作との間には哲学的立場の明白な相違が認められるのである．この点を確認しておくことは，デカルトが新たに数学的自然学を確立しようとするにあたって，その基礎づけのために旧来のアリストテレス主義の存在論と認識論とを根本的に改変する必要があったということを理解するのに役立つものと考えられる．

この『規則論』についての短い吟味の後，デカルトの最終的な形態のもとでの自然哲学の検討に入る．私見によれば，デカルトの自然哲学の土台となるのは，1630 年のメルセンヌ宛の書簡で初めて言明される，上で触れた「永遠真理創造説」である．それで私はまず，この説の意味とそれがデカルトの哲学で果たす機能を究明することを試みたいと思う．そこで，この説のデカルトの体系における重要性を確認するためにとくに，この説がデカルトの主要著作のなかで明白な形で現れているか否かという問題を吟味したいと思う．大部分の解釈者はこの問題に対して，ロディス゠レヴィスが再考を促すまで否定的に考えていた．本書で私は，自然哲学に論述が及ぶデカルトの主要著作のすべてにおいて，この説が確かに登場するという仮説を提出する．

ついで私は，デカルトがどういう意味で，またどういう理由で，先にも触れたように「これらの六つの省察は私の自然学のすべての原理を含んでいる[7]」と断言するのかということを検討する．私が本書で『省察』を論ずるのはもっぱらこの視点からである．ここで私はもちろん，コギトの問題を扱い，コギトがデカルトの認識論と自然哲学の構成において第一の決定的な役割を果たすということを明らかにすることを試みる．しかし『省察』の主眼はこのコギトの確立にのみあるのではない．コギトの定立にデカルトの形而上学の集約をみて，そうしてデカルトの哲学を性格づけようとするのは，その後の近代思想とりわけドイツ観念論の影響下での解釈であって，これはデカルト哲学の構造を全体的に視野に収めうるものではない．このような観点からは——繰り返していえば——神の形而上学と自然学との連関というデカルトにおける根本的な主題が見損なわれてしまう．『省察』をよく読めば分かるように，デカルトがこの書物で一番ながながと展開しているのは神の存在証明であり，それに基づく自然学の基礎づけなのである．しかし，そうだとすると，そこでわれわれが答えなければならない重要な問題が提起される．それは，どういう意味で『省察』において神の存在証明が自然学の基礎づけに繋がることになるのか，という問題である．

この問題に答えるために私はとくに，デカルトの神の存在証明は神の存在を「われわれが明晰判明に理解するものはすべて（とりわけ純粋数学の対象）創造しうる存在」として定立するものであるということに着目する．そこで私は，デカルトがこの神の創造力ないし作出力（puissance efficiente）に，物質的事物の本質はわれわれ人間に生得的な数学的観念によって規定しうるとする考えの根拠を見出しているということを確認する．というのも，デカルトは，この神の創造の力によれば，われわれの内なる純粋数学の対象は単にわれわれの知性の可能的対象であるにとどまらず，物質的事物の内に実際に産出され，その内に真に見出されうると正当に主張できると考えるからである．数学的自然学（物理学）の可能性はこのような形而上学に基礎づけられるのである．

しかし，デカルトにおける形而上学と自然学との連関は，このような物質的事物の本質の数学的確定ということに尽きるのではない．このことだけでは，物質的事物（物理的対象）の本質は人間の側から引き出される数学的観念によって一方的かつ必然的に決定されるということにもなりかねない．しかしデカルトの形而上学はこのような観念論的構成主義を許さない面を合わせ持つ．というのも，上述の，デカルトの形而上学の核心をなす永遠真理創造説によれば，数学的真理は神によって創造されたものと考えられるので，これは被造物に特有な偶然性（contingence）という性格（他様の在り方も可能であるという性格）を担わざるをえず，したがって，人間の側でなされる物質的事物の本質規定がそのまま必然的に外なる物質的事物の存在に妥当するとはいえないからである．そこで，その本質がわれわれが理論的に理解する通りのものであるような物質的事物が現に存在するということを証明する必要がある．デカルトが第六省察で物質的事物の存在証明を与えることになるのはこのような必要性からである．私は，この物質的事物の存在証明の吟味を通じて，デカルトの創造の形而上学が『省察』の最後の段階においても介入しているということを確認したいと思う．そして，デカルトがどのようにして，彼の物理的実在論を最終的に基礎づけることになる物質的事物の存在証明を果たしているかを，彼がこの証明ではとりわけ感覚経験の特異性に着目しているという点に留意しつつ検討したいと思う．

私の本書における第二の主題は，デカルトの自然学の内容を検討し，その価値と限界，および近代の物理学史の見地からみた場合のその意義を明確にすることである．デカルトが近代数学の最も偉大な創始者の一人であることは一般的に認められている．実際に，数学者としてのデカルトの偉大さについて異議を唱えるものはいないであろうし，デカルトの数学上の業績に言及することなしに近代の数学の発展を理解することはできないであろう．ところが，彼の物理学上の業績に関しては事情は同じではない．よく知られているように，ヴォルテールは，デカルトの宇宙論上の渦動説がニュートンの天体力学によって反証された事実を挙げながら，デカルトの自然学を正真正銘の寓話と決めつけた．このヴォルテールの厳しい判断が公言されて以来，デカルトの自然学は比較的最近までは正しい価値評価を一般的に受けることはなかった．今なおこれを科学史上の単なるエピソードとみなす傾向が残っている．しかしながら，デカルトが近代の自然観や物理学の形成に対して，その原理的な部分においてのみならず，いくつかの具体的な問題の解決においてもおおいに寄与しているということは認められなければならない．本論において見るように，青年時代のニュートンの手稿についての最近の研究は，デカルトの『哲学の原理』がニュートンにおける力学の形成に対して決定的な影響を実際に与えたということを明らかにしている．デカルトの自然哲学や自然学が近代の物理学の形成に果たした役割は決して軽視されてはならないのである．そこで私は，本論の後半部分でまず，デカルトの自然哲学の基本的概念と，彼が自分の自然学の体系を構成するにあたって採用した科学方法論を明らかにしたいと思う．ついで，デカルトの自然学がどのような点で近代の物理学の形成に対して寄与したのかということを，この自然学のいくつかの具体的な側面を取り上げながら明示してみたいと思う．

私はしかし，本書において，デカルトの自然学が近代の物理学の形成に対してもたらした寄与を並べあげることで満足するつもりはない．なぜなら，デカルトの自然学がいくつかの本質的な点で古典力学の確立に通ずる途から逸れてしまうものであったということは明白な事実だからである．この事実はいかにして説明できるのか．この問題に加えてさらに検討されなければならないもう一つの問題がある．デカルトは，自分の自然学を『哲学の原理』の第三部と第四部とで具体的に展開するとき，数学的表現にではなくむしろ想像力に依拠した形態的な記述にたえず訴えている．それも，同じ『哲学の原理』の第二部の終わりのところで，「私は自然学における原理としては，幾何学あるいは抽象数学におけるのとは違った原理を容認もせず，要請もしない[8)]」と断言しながらそうしているのである．この一見して矛盾と思われる事態はどのように理解されうるのか．私が本書の最後の部分で答えようと努めるのはこれらの問題に対してである．

この目的のために私はまず，「物質と延長(空間)の同一化」というデカルトに特有な考えとこれから引き出される様々な帰結とを考察する．これに加えてまた，デカルトに独自な質量と重力の概念を検討する．そこで，この考察と検討とから，これらの自然学上の中心的な考えや概念が，デカルトにおいて，古典力学の本質をなす質点力学の形成を不可能にしたということを確認したいと思う．また，物質と延長の同一化によってデカルトは，彼の自然学の体系の構築においてある種のホーリスティックな宇宙論的自然学の構成へと導かれることになったということを確認したい．そのホーリズム(holism)とは，地上の現象を「宇宙の全体系」に関係づけることを要求し，物理学上の探究の対象を孤立的に扱ってそれを数学的に表現しやすいように単純化することを禁じるものなのである．私には，このデカルトの物理学上のホーリズムがとりわけニュートン力学の自然哲学と根本的に対立するものだと思われる．というのも，ニュートン力学の自然哲学とは，絶対空間を措定し，そうすることによって自然現象を宇宙の生成や物質構造から独立に考察しようとするものだからである．

このような解釈と主張とを確証するために私は本書の最後で二つの探究を提示しておくことにした．一つは分析的なもので，もう一つは歴史的なものである．まず，分析的な探究としては，上で触れたデカルトの自然学の特質を例証すると思われる二つの具体的な物理学上のケースを取り上げる．それは物体の自由落下の問題と物理振り子の振動中心の問題である．第一のケースではデカルトは問題の解決を意図的に放棄した．第二のケースでは彼はただ部分的な解のみを与えた．私の解釈によれば，これらの二つのケースでのデカルト自然学の失敗と限界は，デカルトが，ホーリスティックな宇宙論的自然学を不可避的に帰結する彼の自然哲学に論理的に忠実であったということによって説明される．ついで私は，歴史的な探究として，デカルトの自然学の基本概念が，ホイヘンスやニュートンやオイラーという，多少ともデカルトの自然哲学に関わりながらいずれも古典力学の完成に貢献した人々によってどのように修正されていったか，ということを確認しておくことにした．そこで私は，これらの人々がそれぞれどのようにしてデカルトの自然学のいくつかの原理を捨て，そうして古典力学の確立に寄与することになったのか，とりわけ彼らがどのように空間と物質との関係や質量と重力との関係を理解したか，という点を明らかにしようと努めた．私は，この歴史的な追求によって，デカルトが彼の宇宙論的自然学の体系を構築するために採用した自然哲学と，彼の後継者たちが質点力学を形成するために採用することになった自然哲学との間に或る原理的な相違があったのだということを確認できると考える．

このように，本書の後半部はデカルトの自然哲学および自然学の価値と限界とを明らかにすることを主眼としているが，しかしこれらはいずれも古典力学との関係においてのことである．そこで私は結論部において，デカルトの宇宙論的自然学は，質点力学としてのニュートン力学によっていったん退けられたものの，このニュートン力学がアインシュタインの相対性理論によって乗り越えられ，宇宙論が本格的な仕方で展開されつつある現代の物理学の自然哲学の見地からすれば，その構想上の原点としての意義をもつものと認められるのではあるまいかという点を指摘しておいた．

I 『規則論』の過渡的思想

『方法序説』の前半の自伝的部分に従ってデカルトの思想形成の歩みを理解しようと試みるものはおそらく，その歩みが，ラ・フレーシュ学院での伝統的学問に対する全体的な不信から新しい哲学体系の構成へと連続的に進んだものと思うであろう．しかし，生前には公刊されなかった『精神指導の規則』をていねいによめば，この印象が多少とも誤ったものであることが分かる．デカルトは確かにこのテキストで，彼自身の数学の構築の出発点となる新しい学問論(「普遍数学(mathesis universalis)」の構想)を提示している．この学問論は，デカルトを学問体系全体の改革へと促すような新しい存在論の方向を含んでいる．しかし，この段階ではまだいくつかの伝統的な考えを，特に認識論に関して保持しており，これはデカルトが自分自身の哲学を構築するためには乗り越えなければならないものである．デカルトの最終的な哲学の建設が開始される時点を認めるには，1629 年から 1630 年にかけての時期を待たなければならない．『規則論』ではデカルトはまだ過渡的状態にあって，このテキストは彼が自分の哲学体系の構築以前にどのような思想的状況にあったかということを示すものなのである．それで私は本書を，『規則論』のなかのいくつかの問題点を手短に検討することから始めたいと思う．このテキストの検討によって，デカルトが彼の最終的な哲学の方向を決定する前にどのような問題に直面し，なぜ「自分の自然学の基礎を形而上学の途によって探究する」ことが必要とされたのかということを理解しうると思われる．

1　新しい学問論
──「普遍数学」の構想──

デカルトが「普遍数学」と呼ぶ学問とは，「何ら特殊な質料に関わることなく順序(ordo)と計量関係(mensura)とについて求めることのできるすべてのことを説明する[1]」学問のことである．この普遍数学の構想は，1637 年に『方法序説』とともに公刊される『幾何学』のなかの「解析幾何学」の考えとして具体的には実を結ぶ．しかし，『規則論』の段階でデカルトがとりあげるこの構想のモデルは「比例論」のうちに見出される．デカルトは数学上の「連比」すなわち「等比(幾何)級数」が内蔵する構造に着目し，そこから普遍数学の思想の核心を得るのである．実際に彼は「規則 VI」で次のようにいう．「事物の比例すなわち関係(proportio sive habitudo)について提起されうるあらゆる問題が，どのような構造を含んでいるのか，またどのような順序に従って探究されるべきかということ，ただこのことだけに，純粋数学という学問全体の核心が含まれているのである[2]」．デカルトはこの比例論についての考察から，二つの重要な帰結を引き出す．

第一の帰結は，いわゆる「次数一致の規則」の放棄である．これは，同じ数式のなかでは同じ種類(次元)の量のみが加減されねばならないということを命じる規則で，例えば，線分の長さとして理解される一次元の量の項を登場させる式には一次元以外の量の項を登場させてはならないというものである．デカルト以前までは，一次元や二次元あるいは三次元の量というのはそれぞれ，線分，平面，立体の量として幾何学図形の形態に従って把握され，これらの異なる図形の間の加減の操作は不可能と考えられた．そのために，それらの異種の図形によって表象される量の間での演算は禁じられたのである．この考えはデカルトと同時代のフェルマによっても守られている．これに対してデカルトは，等比級数の構造についての考察に促されて，線分(根)，平方，立方という異なる次元の量を，同じ連比を構成する異なる項の量と理解した．そこでさらに，この連比の単位(初項)に線分あるいは平面をあてがうことを考え，こうして，これらの異なる次元の量も，この線分あるいは平面の量的に異なる形態として理解できるという考えに達したのである．このような考えからデカルトは次数一致の規則の放棄に導かれた．これによって異なる種類の量を画一的に扱うことが可能になったのである[3]．

第二にデカルトは，乗法や除法や平方根の抽出という代数的操作を比例関係に基づく計算の特殊な形態と見なし，それらを次のような仕方で比例中項の式の第四項 x を求めることだと解した(ただし正確には，『規則論』では，解が整数で示されるように，以下の除法の b が ab で，また平方根の抽出では a の代わりに a^2 があてがわれている[4])．

乗法: $a/1 = x/b,\ x = ab$, 除法: $1/a = x/b,\ x = b/a$

平方根の抽出: $1/x = x/a,\ x = \sqrt{a}$

これらの『規則論』の考えが，1637 年の『幾何学』における解析幾何学の形成のベースとなっている．そこではまず，上のように比例関係に従って解された代数の三つの演算に対して幾何学的操作が対応づけられる．それによれば，例えば，乗法は図①においてBDとBCとの積を求める操作であると見なされ，その解はABを単位としCAに平行にDEを引くことによって得られるBEに求められる[5]．実際に，

$$BC/AB(=1) = BE/BD,\ BE = BC \cdot BD$$

さらに『規則論』において，純粋数学全体の核心を含むとされた連比すなわち等比級数に対しても，図②のような図形に従って具体的に幾何学操作との対応づけがなされる．ここで明らかに，

$$YC/AY(= YB) = YD/YC = YE/YD = \cdots\cdots$$

YB, YC, YD, YE, ……が連比の各項を示す．

これにより幾何学的操作に従って，「欲するだけ多数の比例中項が見出される」ことになり[6]，ある算術的量の任意の冪の量が幾何学上の線分として表現できることになる．こうして，代数の演算が幾何学的操作に移されるとともに，任意の次元の代数的量も幾何学上の連続量として表されることになる．このことが一般的に算術的量と幾何学量との間の対応づけを可能にする．デカルトはこれに加えて座標概念を導入し，そうして解析幾何学を創始することになったのである．

このような数学についての理解は，新しい存在論の可能性を含意する．デカルトの時代まで，スコラにおいて自然学の領域のみならず学問論や存在論の分野でも支配的であったのはいうまでもなくアリストテレス主義であるが，それによれば，諸学問はいわゆる「存在の類(genera entis)」に従って分類され組織される．アリストテ

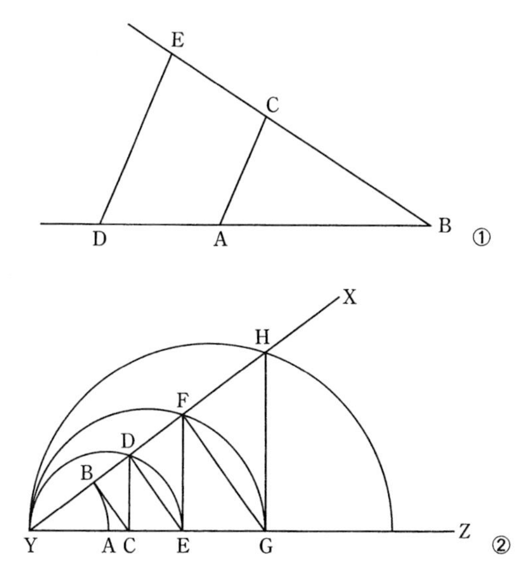

レスの『分析論後書』によると，個々の学問は，その存在自体は論証できない「原理(ἀρχή)」により定義される「類」によって画定され，学問的論証とは，「共通公理」に従い，ある類に関してその原理の「諸属性」を導出することにある．たとえば，数論とは「単位」を原理とし，幾何学は「点」や「線」を原理とする学問であって，それぞれそのような原理に関する諸属性を考察する[7]．

ところで，このアリストテレス主義の学問論で重要なことは，おのおのの類の固有性というものが重視され，論証において，ある類に特有の操作を他の類に適用してはならないとされることである．たとえば，この学問論に従うと，幾何学の命題の論証に数論の手法を使ってはならない．単位という非連続量を原理とする数論に特有の操作が，これとは異質な連続量を原理とする幾何学に適用されることがあってはならないのである[8]．共通公理はもちろん異なる学問に適用されるが，それは類比的な仕方でしかない．適用される公理の共通性は論証の共通性をもたらすことはないのである[9]．このような考えは線分や平面および立体という異なる種の量の概念にも徹底される．アリストテレスにおいては——他のほとんどすべてのギリシアの哲学者においてもそうであるが——上述の「次数一致の規則」を遵守しなければならないとされるのである．このことは，アリストテレスは，異なる種類の学問を同じ一般的原理に基づけるという普遍学あるいは普遍数学の考えを，彼自身の学問論に従って許容しなかったということを意味する．

この点に関しては，あるいは，アリストテレスは『形而上学』第六巻のなかの周知の存在論の定義の箇所で普遍数学の考えに言及しているではないかと指摘されるかもしれない．そこでは，幾何学や天文学はある特殊な量を対象とするが，普遍的な数学はあらゆる量一般を考察するといわれているのである．ここで言及されている普遍数学というのは，注釈者によって，ユークリッドの『原論』第五巻で提示されているエウドクソスの「一般比例論」をさすものと解されている[10]．この『原論』第五巻の第五定義において，比例関係が現代風に表すと次のように，比例を構成する対象(量)の本性にまったく言及せずに定義されているのである[11]．

$$\left(\frac{a}{b}=\frac{c}{d}\right)=\mathrm{Df.}\ (m)(n)\{m,\ n\in N\supset(ma\gtreqless nb\supset mc\gtreqless nd)\}$$

(ここで，a, b, c, d, は無理数を含めて任意の量，m, n, は任意の自然数)

この定義はそれゆえ，有理数はもちろんのこと，幾何学上の任意の連続量も対象にする．これは数学的対象の本性に関わりなく比例関係を公理主義的に定義しようとするもので，数学的対象の形態を重視し，それにとらわれたギリシア数学において例外的な考えであったと評価されるものである．しかし，このことは，アリストテレス自身が実際に様々な数学の分野を同一の原理のもとに包摂するある上位の類の普遍数学の存立を考えていたということではない．ここでのアリストテレスの普遍数学に関する言及はむしろ，アリストテレスが存在論(第一哲学)と普遍数学との間に，いずれも普遍的性格をもつが，しかしそれに固有の類をもつものではないという共通点を認めたということを意味する．アリストテレスによれば，あらゆる存在の構成要素を求めること，あるいはそのようなものを見出したと思うことは思い違いなのである[12)]．

『規則論』の「普遍数学」の構想は，このアリストテレス主義の「存在の類」の概念に基づく学問論を根本的に解体する見地を設定するものである．上記のテキストに登場する幾何学と数論とを統一しようという考えは，異なる類の間で同じ操作が適用されてはならないという，アリストテレスの学問論の基本原則を廃棄することを意味する．また，連続した比例の関係系列を異なる種類の数学的対象の構成の軸とみなすというデカルトの比例論は，アリストテレスの存在論と対極をなすものである．というのも，アリストテレスの存在論によれば，「このもの」とか「ソクラテス」といった具体的な個物が第一実体であって，数学上の関係のような抽象的で普遍的な関係というものは「あらゆる事物のうちで，ある実在または実体であることのもっとも少ないものであり，性質や量よりもあとのもの」だからである[13)]．

デカルトはこの自分の学問論の革新的な性格を意識しており，「規則 VI」で次のように述べている．「すべての事物は何らかの系列(series)に配置されることができ，しかもそれは，哲学者たちがみずからの範疇によって分かったように，事物がある存在の類(genus entis)に関係させられる限りにおいてでなく，事物の一つが他から認識される限りにおいてなのである[14]」．このように，比例論とそれを核心とする普遍数学の構想とともに，認識対象を数学の系列関係に従って組織しようという新しい学問論の方向が敷かれる．これは同時に，新しい存在論の構成を含意するものである．

2 『規則論』の認識論とアリストテレス主義

このようにわれわれは，『規則論』の普遍数学の構想のうちに新しい学問体系の構成への道筋を看取することができる．しかし，このテキストで展開されている認識論に関する論述を吟味すると，デカルトがこの段階ではなおも伝統的なアリストテレス主義の認識論の枠組みを脱してはいないことが確認される．そのことの確認のためにここで，デカルトが『規則論』の段階で，認識作用というものをどのように理解し，このテキストによれば認識対象の構成要素をなすとされる「単純本性(naturae simplices)」とはどのようなものか，ということを検討しておくことにしたい．

デカルトはこの段階での彼の認識論上の考察を特に「規則 XII」でまとめあげている．それはおよそ次のようなことである．まず第一に，「外部感覚」の機能というのは，ちょうど蠟の表面が印章の刻印によってその形を受け取るように，あらゆる感覚対象に含まれるとされる形(figura)をその対象から受け取ることである．ついで，この外部感覚が受け取る形は，「共通感覚(sensus communis)」と呼ばれる身体の他の部分に移される．そこでこの共通感覚は感覚対象と同様に印章の役割を果たして，その同じ形を，これも身体の部分に他ならない想像力(imaginatio, phantasia)のうちに刻印し，その形は通常そこに長く保持される．それが記憶ということである．このような認識論に従ってデカルトは，たとえば，この段階では，色は様々な形を含むものとし，様々な色を帯びた光を感覚するのは，様々な形を受け取ることであると考えている[15]．

それではデカルトは，『規則論』の段階では，知性(悟性)をどのように解しているのであろうか．デカルトは外部感覚や想像力や記憶について上のように述べたあと，「本来の意味で事物を認識する力」というものを問題にして，それは一方で純粋に精神的なもので，身体と分かたれたものであるという．そして，それのみが働く場合に，それは「知性的に認識する(intelligere)」と呼ばれる[16]．デカルトは，精神が物体的なものをいっさい含まない事柄に携わる時にはこの知性が単独に働くと解し，その意味で知性の自律性をここで認めている．ところが，デカルトは他方で，知性が物体に関わるものの認識に携わる場合にはこのように考えず，「もし，知性が，何か物体に関係づけられうるものを吟味しようと企てるならば，そのものの観念をできるだけ判明に，想像力のなかに形成すべきである(in imaginatione est formanda)」という[17]．言い換えると，デカルトはここでは，物質的事物の本質を想像力に依拠することなく「精神の洞見」によって認識しうるとは考えていないのである．

デカルトはこの点を，物質的事物についてより具体的に論じる

「規則 XIV」で強調している．そこではデカルトは，量一般を幾何学的図形による意味規定に支配された伝統的な理解から解放された仕方で扱いながらも，量について一般的に理解されたことを，想像力においてより容易かつ判明に描かれるところの量の形相(species)に移すように要求する．というのも，ここでは，この想像力のうちに描かれた量こそが「物体の実在的な延長(extensio realis corporis)」を構成すると考えられるからである[18]．換言すれば，物体の実在的な延長を考察するためには，知性は自らを想像力のなかの像に向けなければならないのであり，それは想像力が「真の物体的観念を形成する」からである[19]．『規則論』の段階でのデカルトにとっては，想像力に描かれてある実在的な形象から分かたれた延長の観念というのは「哲学的存在(entia philosophica)」，すなわち知性が抽象作用によってしか対象となしえない「抽象的存在(entia abstracta)」でしかないのである[20]．要するに，デカルトはここでは，知性が物体の延長についての真の観念を得ようとするならば，想像力に依拠するのでなければならないと考えているのである．

この点が確認されるならば，この物体的事物についての認識論が，アリストテレスが『霊魂論』や『記憶と想起について』で展開している認識論の，実質的にほとんど忠実な再現であることを認めることは困難ではないであろう．それは，感覚作用を蠟に対する形の刻印に譬える比喩においても認めることができる[21]．感覚対象についてのアリストテレスの認識論の核心は，周知のように，感覚による認識を，感覚対象からそれに含まれているとされる形ないし形相(εἶδος, species)を抽象する作用とみなすことにある．アリストテレスによれば，感覚が感覚対象の形相を受け取るとき．感覚は想像力を刺激して，想像力に感覚対象の画像のようなものとしての表象像を形成させる[22]．また記憶とは，共通感覚の様態にも帰着させられる表象像が保持されることであると解される[23]．

さらにアリストテレスによれば，知性作用とは「表象像のうちの形相を思惟することである[24]」．知性とは，それ自身は，そこに何も書かれていない書板のようなものであり，それは，感覚対象の形が外的感覚を介して想像力のうちに刻印され，その形が対象として与えられる前には機能しえない[25]．知性はそこで，想像力のうちに与えられてある形ないし表象像からそれだけを抽象し，そうしてそれを自分の対象に化するのである．純粋数学の対象のようなものは，知性が想像力のうちにある形象に対して抽象作用を施した結果の抽象的産物なのである．いずれにしても，アリストテレスにとっては，知性作用の素材は，外的感覚を介して想像力のうちにもたらされる表象像にある．一言でいえば，「表象像なしに思惟することはできないのである[26]」．

以上のような，デカルトの『規則論』のテキストとアリストテレスのテキストとの対照によって，二つのテキストが提示する認識論の間に本質的な対応関係を確認することができると思われる．両者は，知性が物質的事物の本質ないし形相を実在的に認識するためには，想像力のうちに含まれている形象ないし表象像の方に向くのでなけばならないと主張する点で合致している．この認識論は，中世においてトマス・アクィナスが彼の認識論において「表象像への向き直り (conversio ad phantasmata)」と称して展開したものである[27]．

それでは，『規則論』の認識論において，認識の第一義的対象とされる「単純本性」についてはどのようなことを確認しうるであろうか．まず初めに注目しなければならないのは，そこでは単純本性は，われわれの知性に関して単純といわれるものと見なされているということである[28]．デカルトは「規則 XII」で「個々の事物をわれわれの認識に関係させて考察する場合，その考察は，事実上存在するものとしてそれらについて語るのとは違った仕方でなされなければならない」という[29]．すなわち，われわれの知性の観点から第一のものと位置づけられる単純なものとは，必ずしも存在の観点からして第一のものとは理解されないのである．このことをデカルトはより具体的に次のように言い表す．「普遍的なものは，個別的なものよりもより単純なものを持つがゆえに，より絶対的であるが，しかしそれは，存在するためには個物に依存するがゆえに，個別的なものよりもより相対的であるということができる[30]」．言い換えれば，デカルトは事物を「われわれの知性によって覚知される限り」で考察する見地と，事物を「実際に存在するものとして理解する」見地とを区別し，ここでは前者の見地において事物を問題にしようというのである．

それでは，われわれの知性による認識に関係させる限りで単純といわれるもの，すなわち単純本性とはどのような特質を備えているものであろうか．それはデカルトによると，第一に，「その認識が明瞭かつ判明なものであって，さらに判明に知られる他のより多くのものへと精神が分割できないもの」である[31]．それはしたがって，他のより単純な要素から合成されるようなものではなく，不可分なものである．第二に，それはすべてそれ自身によって知られるもので，けっして虚偽を含まないものである．換言すれば，それは知性の「直観(intuitio)」の対象であって，判断の対象となるものではない．判断とは単純本性の「複合(compositio)」ということにあり，その要素である単純本性自身は判断の対象ではないのである．最後に，単純本性とは，「それについて精神がわずかでも触れる(attingere)ならばそれを完全に認識する」という，そのような性質のものである[32)].

これに対してアリストテレスにおいては知性認識の基本的対象はどのようなものと解されたであろうか．アリストテレスによれば，周知のように，思惟様式は「直知(νόησις)」と「推理知(διάνοια)」とに区別される．推理知とは推論や判断という複合的な形態のものであるのに対して，直知は非複合的なもの(τὰ ἀσύνθετα)あるいは不可分なもの(τὰ ἀδιαίρετα)，すなわち単純な本性のもの(τὰ ἁπλᾶ)を対象とするものである[33)]．そこで，この直知の対象としての非複合的あるいは不可分な単純本性の性格が問題となるが，その点については『形而上学』の第九巻の第十章に次のような注目すべき説明がある．その箇所でアリストテレスは単純なものとしての非複合的存在の真理性について論じているのであるが，そこで彼はまず，そのような存在の真理性は判断によるものではなく，判断はそれらの存在を要素とする複合から成るという．非複合的存在とは，その真偽が要素の複合に依存するような性質のものではないのである．そこでアリストテレスは，非複合的存在に関して，真であるとは，「接触し(θιγεῖν)」，接触しているものを言明することであるという．そして無知であるとは接触していないことであると述べ，そのようなものについては誤るということはありえないと明言する[34)].

そうすると，この二つのテキストの間にまず，知性認識とその基本的対象の理解について，そこで使われている用語自体をも含めて共通点を確認することができる．デカルトにおける知性の直観というのはアリストテレスにおける直知に対応し，アリストテレスにおける単純な非複合的存在というのはデカルトにおける単純本性に相当する[35]．実際に，ジルソンの著名な，スコラ哲学とデカルト哲学との間の用語対照研究（*Index scolastico-cartésien*）によれば，デカルトがその著作に触れる機会のあったと思われるスコラのアリストテレス注釈者たちは，アリストテレスの「直知」に cognitio intuitiva や intuitus simplex といった言葉をあてたのみならず，アリストテレスの「単純な非複合的存在」をまさしく naturae simplices と訳しているのである[36]．

さらには，デカルトが，『規則論』で，事物を「われわれの知性によって覚知される限り」で考察する見地と，それを「事実上存在するものとして」理解する見地とをとくに区別した点についても，アリストテレスの認識論ないし存在論との繋がりを指摘することができる．周知のようにアリストテレスは，事物の理解において「説明方式において（認識の順序で）より先」ということと「実体において（存在の順序で）より先」ということとを区別した[37]．そこでアリストテレスは，われわれの認識の対象が認識の順序において論理的により先であり，より多く単純であればあるほど，それだけそのものについての知識は厳密性を持つと考える．厳密性とは単純性に帰着すると考えられるのである[38]．そこで認識の順序においてより先なものと見なされる単純なものには，例えば，要素（στοιχεῖον）や普遍あるいは数学的対象が数えられる．しかし繰り返していえば，数学的対象はアリストテレスによれば，「実体的であることのより少ないもの」なのである．数学的対象は感覚的対象に対して認識の順序において先行するだけで，存在の順序においてはそれに先行するものではないのである[39]．このことから，デカルトが『規則論』において採用する「知性によって覚知される限り」での見地とは，アリストテレスが認識(説明方式)の順序と定義する見地に対応することが分かる．そして，デカルトはここではアリストテレスと同様に，数学的対象は存在するためには個物に依存すると考えるのである．

以上のような解釈に対してはおそらく，『規則論』にはある種の生得説や主知主義が見受けられるではないかという指摘，あるいは『規則論』には色の多様性に対して形態の多様性を対応させるという知覚論が存在するではないかという指摘がなされるかもしれない．これらの点はアリストテレス主義の認識論の枠組みに収まるものではないとも考えられる．

第一の点についていえば，確かに，『規則論』のテキストには「真理の種子(semina veritatum)[40]」とか「生得的(生具の)光(lumen ingenitum)」といった表現[41]，さらには「私は知性的に認識する．ゆえに私は身体と分かたれた精神を有する[42]」という文章さえ見出される．しかし，真理の種子とか生得的(生具の)光という表現によって喚起される生得説というのは，ここでは物質的事物の本質の認識に関わるものではない．先に見たように，デカルトのこの段階での認識論によれば，物質的事物の本質の認識は感覚対象からの形象ないし形相の抽象と考えられている．したがって『規則論』の段階での精神とは，後の段階で身体より実在的に区別されるとされる精神と同一視されてはならない．この後で論述するように，最終的に確定される見地によれば，精神は感覚対象からではなく自らの内から物質的事物の本質の観念を引き出しうるとされるのであり，このことはアリストテレスの経験論的認識論によって，また『規則論』の認識論によっても否定されるのである．

『規則論』の知覚論についていえば，デカルトはそこで，確かに様々な色を様々な幾何学的形態と同一視しようと試みており，これは知覚内容を知性の表象に置き換えようという見地とも受け止めうる．しかし，その形象について，ここではなおも，それが「感覚対象に含まれている」と見なし，色の知覚は様々な色を帯びた光が「形を想像力に刻印すること」であると考えている[43]．しかし1637年の『屈折光学』によれば，光の知覚は，感覚対象が印章のように想像力のうちに刻印する形によって説明されるのではなく，外的対象が脳のある部分に引き起こす運動の力によって説明される．また色の多様性は形の多様性に還元されるのではなく，感覚器官のうちに生じる運動の多様性に帰着される[44]．『屈折光学』の段階では光や色の知覚は，感覚対象が感覚器官や脳に引き起こす運動の力と多様性によって説明されるのである．

さらに，『規則論』で強調される，物質的事物の本質の実在的な認識における形ないし像(表象像)の役割についていえば，デカルトは『屈折光学』では，感覚的認識の説明のためにそのようなものに訴えることをはっきりと拒絶する．デカルトは実際に，「当代の哲学者達が一般におこなっているように，感覚するためには魂が，対象から脳にまで送り込まれる何らかの形像(image)を見る必要があるなどと想定しないように気を付けなければならない」と断言している[45]．『屈折光学』以後のテキストでは，心身合一の局面での感覚知覚は別のこととして，光や色といった感覚対象の知覚はもっぱら機械論的な生理学の見地から純粋に因果的な過程として説明されるのである．この機械論的説明は，自然を機械論的に理解しようという根本的な自然哲学の一環として展開されるものであり，知性が自分自身から引き出す観念を素材として構成されるものである．他方，知覚論におけるアリストテレス主義の経験論を脱却してデカルトは，知覚的認識を，とりわけ知性に依存し，感覚器官に生じる運動を機会として知性によってなされる判断と解することになる．感覚対象の大きさや距離や形の知覚さえも，知性による判断に帰せられることになるのである[46]．

さて，『規則論』を未完のままにしてデカルトは，フランスの地を離れてオランダに移住し，そこで彼自身の哲学体系の構築に専念することになる．その哲学体系とくに自然哲学は，物質的事物の本質の認識において感覚的性質に依拠したものではなく数学的対象に訴えるものである．その自然哲学は一方で，知性は感覚や想像力と独立に物質的事物の本質の観念を形成しうるとする数学的観念の生得説(innéisme)に基づくものであり，他方で，数学的対象が実際に自然の構造を構成するとする科学的実在論に立つものである．しかし，この自然哲学を根拠づけるためには，『規則論』の認識論をなおも規定するアリストテレス主義の経験論を根底的に廃棄する必要がある．この経験論は物質的事物の認識に関して知性に自律的な機能を認めず，純粋数学の対象を，感覚対象から抽象されたものであって，それだけ実在そのものとの関わりの少ないものと見なすのである．また他方で，数学的対象こそが自然の構造を内からまた実在的に構成するという考えを主張するためには，数学的存在についてのもう一つの伝統的な考え，すなわち数学的対象(イデア)というものは自然の可感的世界を超越した叡知的天上界に存在するというプラトニズムの考えを変えなければならない．伝統的なプラトニズムに従えば，知的探究は数学的イデアの認識をモデルとするものであるが，その目的はむしろ生成変化する可感的世界を超越することの方にあって，可感的な物理的世界そのものに内蔵するような数学的構造の探究にはないと考えられるのである．これらの伝統的なアリストテレス主義やプラトニズムの自然哲学を改変して新たな数学的自然学を構築するための形而上学的認識論的基礎を設定すること，この役割を果たすのが，私見によれば，1629 年から 1630 年にかけての形而上学的思索とりわけ「永遠真理創造説」と呼ばれるものに他ならない．

II　永遠真理創造説

——デカルトの自然哲学の形而上学的基礎——

1　永遠真理創造説の意味

デカルトは1629年の10月にメルセンヌに宛てた書簡で次のように宣言する．「私は今や自然学のすべての基礎について方針を決定した[1]」．また同じ年の11月に「一つの現象だけを説明するかわりに，自然のあらゆる現象すなわち全自然学を説明することに心を決めた[2]」という．さらに，この自然学の基礎ということについて，1630年4月15日の同じくメルセンヌに宛てた書簡で「私は自然学の諸々の基礎(les fondements de la physique)を，この〔形而上学の〕途によって探究したのでなかったならば，けっして見出すことはできなかったであろう[3]」と述べる．この形而上学の途とは，この書簡によれば「神とわれわれ自身を認識する[4]」ということであり，より具体的には，これより少し後の書簡によると，「神の存在と，身体より分かたれた時のわれわれの魂の存在とを論証することである[5]」．デカルトはしたがって，神の存在，および精神と身体との二元性を論証する，この「形而上学の途」によって，彼の「自然学の基礎」の設定に導かれた，というのである．ここで，このような形而上学的考察と自然学の基礎の設定とがいったいどう関係するのかという点が問題になるが，その点を解明する文面が特に，後の『省察』の『第六答弁』に見られる．

そこでデカルトは回顧的に，彼が「初めて，人間精神が身体〔物体〕から実在的に区別されるということや，人間精神が身体〔物体〕よりも容易に知られさえするといったことを……結論づけた」ときのことを語り，ついで次のように述べているのである．「さらに進んで，同じ原理に依拠して私の考察を物理的〔自然的〕事物に向け，まずおのおのの事物について私が自分のうちに見出す観念ないし概念を吟味し，ついでそれらのものを相互に綿密に区分したところ，……私は物体の根拠〔本性ないし本質〕に属することとしては，それが長さや幅や深さにおいてあり，様々な形と多様な運動を受け入れるものであるということ……以外に何もないと認めたのである[6)]」．デカルトはこのように述べたあと，物体の本質を延長に還元することによって自然現象を統一的に説明しうるという見通しを得て，そのことの自信が逆に心身の実在的区別という形而上学的原理の正しさをさらに確信させることになったと言明している．このことから，「形而上学の途」と「自然学の基礎」との関係とは，この形而上学的考察によって得られた心身の二元論によって，物質的事物の本質や性質を，精神に属する性質をいっさい含まない延長や形や運動の概念によって規定しうるという見方が開かれたということであることが分かる．この点がデカルトにおける自然学の形而上学的基礎づけの出発点である．

この形而上学的考察はさらに，デカルトの自然哲学を根本的に基礎づけることになる独自の形而上学的テーゼにまで徹底される．それが，1630 年 4 月 15 日のメルセンヌに宛てた書簡で，上述の形而上学の途と自然学の基礎について述べられた後に表明される「永遠真理創造説」と称せられるものである．デカルトはこの書簡で，「私は自分の自然学においていくつかの形而上学的問題とりわけ次の問題に触れないわけにいかないであろう」とのべた後で，その問題すなわち永遠真理創造説を提示する．それは「永遠的と呼ばれる数学的真理は神によって設定されたのであり，残りのすべての被造物と同様に神に全面的に依存する[7]」と主張するものである．デカルトは同じ年にさらにいくつかの書簡をメルセンヌに書き送り，このテーゼの重要性を力説し，その意味を説明している．このテーゼの意味とはどのようなことなのであろうか．またこのテーゼからはどのようなことが帰結するのであろうか．デカルトが，彼の自然学のなかでとりわけこの説にふれざるをえないと考えた理由とは何であろうか．

このテーゼによるとまず，神は一方で「自然の内に法則を設定し」，他方でそれらの法則の観念を「われわれの精神のうちに生得的なもの (mentibus nostris ingenitae[8])」として刻印したと考えられる．そうすると，人間精神は，自然法則と人間の内に刻印された観念との関係について，それらがいずれも神によって設定されたということから，その間の対応ないし相関関係を想定することが許されることになる．この点についてデカルトは同じ書簡で「〔自然法則について〕われわれの精神がそれの考察に向かうならば，われわれが理解できないようなものは特に何もない[9]」と断言する．言い換えると，われわれは，このテーゼによって，われわれがわれわれのうちで把握する数学的真理は，われわれの外なる物理的自然においてそれの物質的相関物として現実化されうるものであると考えることができる．そのことをデカルトは実際に，同じ書簡で，このテーゼの結論として言明している．すなわち，「われわれは，神はわれわれが〔知性的に〕理解することのできることはすべてなしうるとたしかに一般的に断言することができる[10]」．デカルトは，このような神の創造論の形而上学を主張することによって彼の自然学を基礎づけようというのである．このテーゼはそれ自体はまったく形而上学的なものであるが，それが自然学の基礎づけを主眼としたものであることは，この文面のすぐ後でデカルトが，「私はこのことをこの二週間以内にも私の〈自然学〉のなかに書き記すつもりである[11]」とのべていることからも確認できる．ここで「私の自然学」といっているのは，デカルトがこのとき執筆していた『世界論〔宇宙論〕』のことにほかならない．この『世界論』には実際に，後でのべるように，上の言明と実質的に同じものが見出される（この言明と実質的に同じ表現には本書でこの後しばしば言及する．というのも，これと同型の表現は，デカルトがそこで自分の自然哲学を基礎づけようとする主なテキストに常に登場するからである）．

以上が，永遠真理創造説が初めて表明されたときの主な内容である．しかし，このテーゼがデカルトの体系において果たす役割を充分に見極めるためには，もちろん，その意味をこのテーゼが現れる他のテキストを参照することによって解明しなければならない．それらのテキストから引き出すことのできるこのテーゼの他の意味や特質とは何であろうか．

まず第一に，このテーゼは，当時まで数学的イデアについて伝統的に受け入れられていた「範型主義」との断絶を意味する．この範型主義とは，プラトニズムに由来し，アウグスティヌスはもちろんのことトマスも含めて大部分の神学者ないし形而上学者によって支持されてきたものである．それは，永遠の真理と見なされる数学的イデア（観念）は神の知性内容であって神の創造に先立って存在し，創造においてその範型(exemplar)の役割を果たすとするものである．ところが，デカルトの永遠真理創造説によれば，神は「被造物の存在と同様，その本質の作者〔創造者〕でもあり」，「その本質とは永遠真理に他ならない」のである[12)]．このテーゼはしたがって，イデアの叡知的世界に帰属させられていた永遠真理をわれわれが存在するこの被造の世界に引き下ろし，被造物の存在と同じレベルに位置づける．そうすると，このことによって人間精神は，数学的真理を超越的な叡知的世界にではなしに，被造物としてのわれわれの知性と物理的自然のうちに求めることができることになる．数学的真理は被造物のうちに内蔵しているものとして探究されることになるのである．

ここで，この永遠真理創造説の解釈に関わることとしてデカルトの用語法について二つの点に留意しておきたい．第一の点は永遠真理の創造の原因性に関することである．それは，メルセンヌがデカルトに，いかなる種類の原因性によって神は永遠真理を形成したと考えられるのかと問いただしたのに対して，デカルトが「神は万物を，同じ種類の原因性によって創造したのである．すなわち作出的でかつ全体的原因(causa efficiens et totalis)として創造したのである[13)]」と答えているということである．ここでデカルトが，永遠真理の創造の原因性について，全体的ということに加えて特に作出的(efficiens)という規定をわざわざ与えていることに注目する必要がある．このことによってデカルトは，永遠真理が他の被造物と同様の仕方で作出され創造されたものであることを重ねて強調しているのである．デカルトは，この後の『省察』の『第六答弁』でこの永遠真理創造説を再びはっきりと表明するとき，神が形而上学的真理と同様に数学的真理を設定するその原因性のありかたについて同じ性格付けをおこなっている．デカルトはそこで「王を法律の作出原因と呼ぶことができるのと同じ仕方で，〔永遠真理の原因性を〕作出的と呼ぶことができる[14]」といっているのである．また 1640 年にメルセンヌ宛のある書簡でも，同様のコンテクストで「作出的かつ全体的原因」という表現を用い，そこで「〔これは〕私がわざわざ付け加えた二つの言葉である」と断っている[15]．デカルトはこのように「作出的原因性」ということを「創造の原因」ということと同義で使っているのである．他方でまたデカルトは，後により詳しく言及するように，ラテン語のテクストでは，神はわれわれが明晰判明に認識するものはすべてなしうるということを主張するとき，この「なす(faire)」という言葉に対応するラテン語として efficere を使っている．

第二にデカルトは，1630 年のある書簡で永遠真理に関して，「神はそれを大昔から意志し理解したという事実そのことによって，それを創造した(illas creavit)のである」とのべたところで，この最後の表現を「神はそれを設置し作った(illas disposuit et fecit)」という表現で置き換えてもよいといっている．それは，書簡の相手メルセンヌが，creavit という用語は事物の現実存在(existentia)にのみ当てはめられる習慣があるのではないかと指摘した点を考慮したからである[16]．しかし，デカルトにとっては「永遠真理を設置し作る」というのは「永遠真理を創造する」ということと同じなのである．デカルトの用語法に関わる以上の二つの事柄から，デカルトにおいては，数学的真理に関する神の創造行為が問題となるときには，efficere と facere (faire) が creare (créer) の同義語として使われているということが理解できる．

さて，永遠真理が神の作出的で全体的な因果性によって創造されたと見なすことは，永遠真理から絶対的な必然性 (nécessité absolue) を剝奪し，それを偶然的 (contingent) なもの，すなわち別の在り方も可能であったものと解することである．デカルトは実際に，この神の創造についてのテーゼをこのあと一貫して主張するのみならず，それが含意するところを徹底して，そこから極めてラディカルな結論を引き出す．デカルトは『ビュルマンとの対話』で，「神の意志は単に現実の事物や未来の事物の原因であるだけではなく，可能的事物や単純本性の原因でもある．そして，われわれが神に依存しないといえるようないかなるものも想像できず，また想像してはならない[17]」という．さらにデカルトは，メラン宛のある書簡では，神は自由に，幾何学の定理が真でないようにすることができたし，矛盾律に従わないこともできた，とさえ主張する[18]．このような，数学や論理の永遠真理の偶然性の主張は当然，神は何事にも必然的に決定されることはないという，神の作用（自由意志）の全面的な「無差別性 (indifferentia)」の主張につながる．デカルトは事実，「神の全き無差別性は神の全能の極めて大きな証しである」と断言している[19]．このように，永遠真理創造説は，神の全き無差別性の印としての偶然性を現実存在に対してだけではなしに永遠真理に対しても刻印するのである．

しかし，デカルトの永遠真理創造説の神は，オッカムにおけるような，その行為がどんな不変性も伴わないまったく恣意的な神と同じではない．デカルトによれば，神は一方で，能力としては全き無差別性を保持しながら，他方で，永遠真理の創造に際してそれに内的必然性を付与し，その内的必然性が人間に課せられる[20]と考えられる．デカルトは，神が真理を必然的に望んだということは否定するが，神が真理が必然的であることを望んだということを肯定することは厭わないのである[21]．そのことからデカルトは，神は神みずから設定した自然法則を不変的に維持すると主張する．後にみるように，デカルトが自然法則というものを引き出すのは，神の不変性(immutabilitas)からなのである．一言でいえば，デカルトによれば，神の無差別性をその能力のレベルで強調することは，神の現実の作用が神の知性と一体となって，その結果のレベルで知性的必然性を産出すると考えることを妨げはしないのである．以上のような点が，永遠真理創造説について，それが現れるテキストから抽出することのできる内容や特質である．

これらの点から，このテーゼがデカルトの自然哲学において果たす役割と射程について三つの重要な帰結を引き出すことができる．

第一は，このテーゼによって，人間知性は想像力や感覚に依拠することなく，自分自身に固有な数学的観念から物質的事物についての本質の観念を形成することができるとする「観念の生得説」が立てられるということである．この生得説により，『規則論』の認識論をなおも規定していたアリストテレス主義の経験論が決定的に破棄されることになる．このアリストテレス主義の経験論は，人間知性に対して，それが物質的事物についての真の実在的な観念を形成しようとするときには，想像(表象像)へと向き直り想像力と一体となることを命じるものであったのである.

第二に，このテーゼは，人間知性の内に刻印されてある数学的観念と人間知性の外なる自然法則とのあいだの原理的な相関関係を保証する．このことは，人間が自分の方から，神は人間知性が明晰判明に理解するものはすべてなしうる(創造しうる)と考えてよいということを意味する．したがって，人間は，まずは人間知性のうちで理解される幾何学的延長のような数学的対象が，神によって外なる物理的自然のうちに創造され物質化されてあり，自然の構造を実在的に構成していると考えてよいことになる．とくに，それまで一般の哲学者によって単に知性上で想像されるのみとみなされてきた無限(無際限)な「想像空間」が，神の全能によって現実に創造され，宇宙そのものとして物質化されると考えてよいことになる．言い換えると，人間は，延長空間をどこまでも際限なく想像しようとも，そこには「創造された真の物体」があると主張することができることになる[22].

このことからデカルトは，彼の自然学の基本的原理となる「延長と物質の同一化」の説と，その系としての「真空の否定」および「宇宙の無限性(無際限性)」を基礎づけうると考える．これらの説は永遠真理創造説の表明以前には明確に主張されることがなかったものである．実際に，初めの二つの説は永遠真理創造説が初めて表明される 1630 年 4 月 15 日の書簡ではっきりと主張されている[23]．また最後の説は，『世界論』の第六章の初めのところで初めて明確に次のように主張されている．「神は新たに，われわれの回りに多くの物質を創造し，われわれの想像力がどこまで広がりえようとも，そこ〔無際限な想像空間〕に空虚な場所をもはや何一つ感知しないようにした[24]」. これらの考えはすべて, 数学的対象を感覚的対象から抽象されたものであり, したがってそれよりもずっと実在性の乏しいものと見なすアリストテレス主義の存在論の排除をもたらすものである.

第三に注目すべきは, この独自の創造論によって設定される自然哲学は, カント主義の場合のような観念論をもたらさないということである. デカルトは, われわれ自身から引き出される物質的事物の本質についての観念が, われわれの外なる現実の事物に必当然的に妥当しなければならないとは主張しない. というのも, 永遠真理創造説は, われわれのうちなる数学的観念に対して偶然性(contingence)を付与するものであるから, そのために, われわれの方で立てる事物の本質についての観念が必然的にわれわれの外なる事物の本質を構成すると主張することは許されないからである. ゲルーが的確に指摘しているように, 神の観念の場合を例外として, 「観念から存在へと結論づけることは神において知性が意志に先行すると想定することである. それは永遠真理の自由な創造という根本的なテーゼに反することである[25]」.

確かに, デカルトによれば, われわれは原則的に, 自然の構造を全体としてわれわれのうちの数学的観念によって解明しうると主張できる. しかし, われわれは, われわれに生得的な或る特定の観念内容が必然的な仕方でわれわれの外の事物に課せられるとは, その観念の偶然性という性格のゆえに主張することはできない. このように数学的対象を可能的でかつ偶然的な身分のものに限定するということは, 物理学の次元を自律的なものと認めるということと相関的である. 物質的事物の本質を規定するためにわれわれに生得的な観念を素材として構成された理論は，それが物質的事物の本質に実際に適合するものと認められるためには，現に存在する物質的事物の側での実験的検証に付されなければならないのである．

このように，永遠真理創造説は一方で，物質的事物の本質を表現する観念をわれわれの知性自身から引き出そうという見地を根拠づけるとともに，他方で，それが実際に物質的事物が内蔵する構造と合致するかどうかを確認するために，その観念と経験とを照合させる必要性をも帰結するものなのである．

2　デカルトの主要著作における永遠真理創造説の登場

さてここで，永遠真理創造説がデカルトの主要著作において登場しているのかどうかという問題を検討することにしたい．この問題は近年，特にロディス＝レヴィスによって，それまでの解釈が批判的に吟味され，新しい視点が提示されたものである．ロディス＝レヴィス以前の大方の解釈者は，このテーゼは『省察』をはじめとするデカルトの主要著作には出現しないと断定していた．確かに，このテーゼは，デカルトの主要著作には『書簡』や『省察』の『答弁』におけるほどには明確には現れていない．また，この説から帰結する，神の能力の「無差別性」の概念は主要著作では言及されていない．しかし，もしこのテーゼが実際にデカルトの主要著作に出現しないとすれば，デカルトが，このテーゼを初めて表明したメルセンヌ宛の書簡で次のように述べているということはわれわれはまったく驚くほかはないことになる．デカルトはそこで，「私は貴方に，このこと〔永遠真理創造説〕を機会あるごとに頻繁に述べていただきたい」といっているのである.[26] ところが，ロディス＝レヴィスは『哲学の原理』の第一部の複数の節でこのテーゼに特徴的な内容がはっきりと表現されていることを指摘した．それは，第 22 節で，神が「あらゆる善と真理との源泉であり，あらゆる事物の創造者(omnis bonitatis veritatisque fontem, rerum omnium creatorem)である」と言い表されていることと，これに加えて第 24 節では，神のみが「存在し存在しうるもののすべての真の原因である(omnium quae sunt aut esse possunt vera est causa, 仏訳では, auteur de tout ce qui est ou qui peut être)」[27]と明言されていることである．このうち特に後者は，神が現に存在するもののみならず可能的に存在するものの原因であり作者であるといっているわけであり，可能的存在とは観念が表象する本質や数学的対象一般をさすから，これは永遠真理創造説を端的に指し示している．このことからわれわれは，この説がデカルトの主要著作のうちで少なくとも『哲学の原理』において出現しているということができる．しかし，これ以外の他の著作にこの説の出現を確認することは不可能であろうか．これがわれわれがここで検討しようとすることである．

まず，デカルトがこのテーゼを繰り返し述べていた時に執筆していた『世界論』を取りあげよう．このテキストでは第一に，永遠真理創造説によって措定される自然哲学の見解が第七章で，それも「永遠真理」という表現とともに展開されている．この章でデカルトは，後に『哲学の原理』で展開されるのと同じ三つの自然法則を説明したあと,「数学者が彼らの最も確実で明証的な論証を依拠させるのを常とする永遠真理から間違いなく帰結するもの以外のもの」は自分の自然学においては何も想定しないと断言する.[28] そこでデカルトは続けて，彼がここでも「われわれの魂に生得的な」ものとみなすそれらの真理の認識について次のようにいう.「それらの真理とわれわれの規則から帰結するものを充分に吟味しうるものは結果を原因から認識することができるであろう．そして，〈学校〉の用語で説明するならば，この新しい世界で産出されうるものすべてについてのアプリオリな論証を得ることができるであろう[29]」．ここで，これらの主張を支えるのに永遠真理創造説が機能していることを認めるのは困難なことではない．というのも，「われわれの魂に生得的」といわれる数学上の永遠真理からこの新しい世界の体系を構成しようという企ては，このテーゼに基づき，それによって可能なものと考えられるからである.

しかし，このことからは，この文面がそれ自身このテーゼの明確な表現であるということは必ずしも帰結しない．これは永遠真理創造説が可能にする自然哲学の内容の提示であって，そのテーゼ自体の提示ではないからである．ところが，『世界論』の第六章の終わりに，デカルトが永遠真理とその帰結とから想像空間のうちに構築すると主張するその「新しい世界」について次のような言明がある.「私がそこ〔その新しい世界〕に置いたものはすべて判明に想像することができるので，そのようなものは何も古い世界にはないけれども，にもかかわらず，神がそれを新しい世界に創造しうることは確かである．なぜなら，神はわれわれが想像しうることはすべて創造し(créer)うることは確かだからである[30]」．この言明のうちにわれわれは，デカルトが永遠真理創造説に基づいて意図することをはっきりと読み取ることができる．すなわち，デカルトはここで，われわれの魂に生得的に見出される永遠真理から構成されるこの新しい世界は，仮構の実在的でない世界であるどころか，物質的に実在化され，真の実在的な世界として発見されうること，しかもその理由として，神はわれわれが判明に理解しうることはすべてこの新しい世界に創造しうるということを主張しているのである．

ここで，上の引用文のなかの最後の文章は，彼が初めて永遠真理創造説を表明したとき，その結論として述べた文章，すなわち「われわれは，神はわれわれが理解できることはすべてなしうるとたしかに一般的に断言することができる」という文章のほとんど逐語的な再現であることに注目しなければならない．また，ここで神の行為を指し示すのにはっきりと「創造」という言葉が使われていることにも留意しなければならない．以上のことから，デカルトはここではっきりと永遠真理創造説を介入させているということができないであろうか．これに対してはおそらく，ここには確かに文面上の対応関係はあるが，この文面だけでは，それが当のテーゼの直接的な表現であるとはいえない，という反論が寄せられるかもしれない．しかし，「われわれが判明に想像〔理解〕しうることはすべて」という表現によってデカルトは何のことをいっているのであろうか．コンテクストからすれば，デカルトはこの表現によって，「われわれがそれを知らないと思いなすことすら」できないほど「完全に知られている」数学的観念，あるいは，「われわれがそれを判明に認識するときには，それを間違いないものと判断しないわけにはいかない」ような永遠真理のことをいっていることは明らかである[31]．であるとするならば，神はわれわれが判明に理解しうることはすべて創造しうると主張することは，神はわれわれが判明に理解しうる数学的真理はすべて創造しうるということである．さらに，「われわれが判明に想像しうることすべて」というのは，存在しうるもの，すなわち可能的存在と同義であると解釈することができる．要するに，神がそのようなものを創造しうると主張することは永遠真理創造説の主張に帰着する．実際に，数学の永遠真理を神の創造に従属させないものが，神はわれわれが判明に理解しうるものはすべて創造しうるなどと宣言することはないであろう．先の章でわれわれは，デカルトが永遠真理創造説をメルセンヌ宛の書簡で初めて表明したときに，彼が「このことをこの二週間以内にも私の自然学〔『世界論』〕で書き記すつもりである」と予告した点に留意した．われわれの解釈によれば，その予告の内容とは上に引用した『世界論』第六章の終わりの部分に他ならない．

『方法序説』についてはどうであろうか．まず初めに，『方法序説』の第五部の二つ箇所で，デカルトが永遠真理創造説の構図に明らかに従って展開していると思われる論述があることを指摘したい．第一にデカルトは，第四部で提示した第一真理から演繹したというもろもろの真理の連鎖について話を発展させたところで，自然法則について次のように述べている．「私はある種の法則を認めた．その法則は神が自然のなかにしっかりと設定したものであり，かつその観念を私たちの精神のなかにしっかりと刻みつけたものであって，それについて充分反省しさえすれば，それらの法則が，世界において存在し生成するすべてのものにおいて厳格に守られていることをわれわれは疑いえないようなものである[32]」．この文面は，先に引用した1630年4月15日のメルセンヌ宛の書簡のなかの次の文章を喚起させる．「神がそれらの法則を自然の内に設定したのであり，……それらの法則はすべてわれわれの精神に生得的なものである

(mentibus nostris ingenitae)」. ここでも，創造者によって，自然法則とわれわれのうちに刻印された観念のあいだに相関関係が設定されてあるという点が強調されていることが確認できる.

第二に，デカルトが『方法序説』の第五部で『世界論』の概要を紹介しようとする箇所に，自然法則の構成における観念の生得説の役割についての極めて明快な説明を認めることができる．その箇所でデカルトは，「私は，われわれが知らないと思いなすことすらできないほどに，その認識がわれわれの魂に生まれつき具わっているのでないようないかなるものも，その物質の中には存在しないとあからさまに想定しさえした」といっているのである[33]．言い換えると，デカルトによれば，自然法則を始めとする彼の自然学の理論的内容はすべて人間知性に生得的な観念によって構成されるというのである．この二つの節はわれわれには，永遠真理創造説が『方法序説』に少なくともインプリシットに存在することを証していると思われる.

ところで，『方法序説』は他の主要著作と同様に，デカルト哲学の主要な柱の一つである，「明証性の規則」は神によって保証されるとする考えを打ち出している．周知のように，『方法序説』ではデカルトは，読者の水準のことを考えて形而上学上の考察を本格的な仕方では展開してはいない．しかし，こと明証性の規則の神に対する従属という考えについては，デカルトは『方法序説』において，他のテキストにおけるよりもある意味でより強い仕方で提示している．デカルトは第四部でまず次のようにいっている．「そのこと〔明証性の規則〕自体が，神が有り現存するということ，神が完全な存在者であるということ，および，われわれのうちにあるものはすべて神に由来しているということによってのみ確実なのである．そしてこのことから，われわれの観念や概念は，それらが明晰で判明な部分のすべてにおいて，実在的なものであり，かつ神に由来するからこそ，その点において真ならざるをえないということが帰結する」[34]．デカルトはさらにこの点を強調するために続けて次のようにいう．「もしわれわれが，われわれのうちにあって実在的で真なるものはすべて完全で無限な存在に由来するということをまったく知らなかったら，われわれの観念がいかに明晰で判明であろうとも，われわれは，それが真であるという完全性を持つということを確信しうるいかなる理由ももたないであろう」[35]．

ここで，明証性の規則が神に従属することを強調するこれらの文面が永遠真理創造説そのものを意味するものかどうか議論の余地はあるかもしれない．とりわけ，デカルトはここでは，明証性の規則の神に対する従属ということを，このテーゼが含意する神の意志の無差別性と関係づける仕方で言明してはいない．しかし，これらの文章の意味を究明すれば，ここにこのテーゼが実質的に介入しているということを確認せざるをえない．というのも，ここでデカルトが強調する本質的な点というのは，観念が実在的で真であるということは，観念が明晰で判明であるということから必然的に帰結されることではなく，そのような観念の内的属性でもないということであり，神のみがそのような観念に実在性と真理性を付与しうるということである．いいかえれば，デカルトはここで，神の保証がなければ，われわれのうちなる観念はどれだけ明晰で判明であろうとも実在的で真であるとは確信できないといっているのである．これは，永遠真理創造説の主張と内容的あるいは論理的に同等の主張である．

なぜなら，永遠真理創造説とはまさしく，「永遠的と呼ばれる真理は，……神がそれを設定したのでなければ真理ではありえない[36]」と主張するものであり，「神が存在しないとしても，それでもこれらの真理は真である(Si Deus non esset, nihilominus istae veritates essent verae.)」ということを許さないものだからである[37]．もしデカルトが，スピノザやマルブランシュやライプニッツを始めとする大部分の形而上学者のように，神自身をも内的に必然的な真理に従属させたならば，われわれには明晰判明でかつ必然的に真と見られる観念からそれが真であるという完全性を引き離し，ついで，その観念が明晰判明であるということと，それが実在的で真であるという完全性を有するということとの結びつきを形而上学的に神に根拠づける，というようなことはしなかったであろう．

『方法序説』についての以上の分析に加えて，同じ『方法序説』の第六部にさらに注目すべき論述があることを指摘しておきたい．デカルトは第六部で，彼が自分の自然学を構築するために採用した科学方法論を説明するとき，その自然学の原理の設定については世界の創造者としての神と観念の生得説にのみ依拠したということを改めて次のように述べる．「第一に私は，この世界に存在するもの，あるいは存在しうるもののすべて(tout ce qui est, ou qui peut être)の諸原理あるいは第一原因を一般的に見出そうと努めた．ただしそのために，世界を創造した神のみ(Dieu seul qui l'a créé)を眼中におき，また諸原理を，われわれの精神に生まれつき具わっている一種の真理の種子(certaines semances de vérités qui sont naturellement en nos âmes)からのみ取り出そうとしたのである[38]」．ここで傍点をふった二つの表現が特に注目される．というのも，この二つの表現をこのコンテクストに従って結びつけるならば，そこから「存在するもの，あるいは存在しうるもののすべての創造者」という観念が生じ，これは永遠真理(可能的なもの)の創造説にほかならないからである．この表現は，先に引用した，『哲学の原理』第一部，第24節のなかの「存在するもの，あるいは存在しうるもののすべての作者(l'auteur de tout ce qui est ou qui peut être)」という表現に対応する．この後者の表現はロディス＝レヴィスが永遠真理創造説の明らかな出現と認めたものであった(この『哲学原理』のなかの表現のラテン語原文は，くり返せば，omnium quae sunt aut esse possunt vera causa(存在するもの，あるいは存在しうるもののすべての真の原因)である)．以上の点から，この『方法序説』第六部の一節は永遠真理創造説の内実を表すものと解釈することができる．

さて，それでは，形而上学上の著作としては最も重要なテキストである『省察』についてはどういえるであろうか．まず第一に，第三省察における神の第一存在証明の初めのところで，それによって神が理解されるところの観念が問題とされる箇所において，神は「至高の，永遠で，無限で，全知で，全能で，自己以外のいっさいのものの創造者(rerumque omnium, quae praeter ipsum sunt, creatorem, 仏訳では Créateur universel de toutes les choses qui sont hors de lui)」といわれている．この表現，とりわけ「自己以外のいっさいのものの創造者」という表現は，デカルトの神の概念の特質を示唆するものと受け止めることができる[39]．しかし，この表現は，神の存在証明が本格的に展開され，それによって神の真の本性が解明される前，それもいくぶん唐突に出現しており，この表現から神の属性の規定を特に引き出すわけにはいかない．

『省察』において特に注目すべきであると思われるのは次の文面である．デカルトは神の存在について三つの証明を展開し，「明証性の規則」を「神の誠実性」に従属させることによって確立したあと，第六省察の初めのところで，この規則から次のような帰結を引き出して，物質的事物の本質を最終的に定立する．「物質的事物は純粋数学の対象である限り，存在することができる．というのも，私はそれらを明晰判明に認識するのだから．なぜかというに，神は，私がそのような仕方で認識できるものをすべて作出することができる(capax ea omnia efficiendi)ということは疑いのないところだからである[40)]」．さらに，これと同様の事柄が同じ第六省察で二箇所にわたって繰り返し述べられている．その第一は，心身の実在的区別が最終的に定立される前のところに見出されるもので，「私が明晰判明に理解するものはすべて神によって私が理解するとおりに作られうる(posse fieri)」というものである[41)]．第二は，「物質的事物の存在証明」のあと，物質的事物の本質の規定が改めて念をおす仕方でとりあげられている箇所で，そこでは「少なくとも，私がそれら〔物質的事物〕のうちに明晰判明に理解するものはすべて，すなわち一般的にいって純粋数学の対象のうちに把握されるものはすべて，それらのうちにあるのである(仏訳では，s'y retrouvent véritablement)[42)]」と述べられている．

これらの言明が，われわれが1630年の4月15日のメルセンヌ宛の書簡と『世界論』の第六章の最後のところで認めたものの再現であることはもはや明白であろう．これらの言明からわれわれは，他の箇所からよりも明白に，デカルトの自然哲学の深い意図を読み取ることができる．その意図とは，われわれは，われわれが明晰判明に理解することはすべて産出しうる神というものに訴えることによって，われわれが自分自身のうちで物質的事物の本質を構成しうるものとして明晰判明に理解する純粋数学の対象が，実際に物質的事物のうちに産出されてあると確信できる，と考えてよいということである．それはすなわち，永遠真理創造説が意図したことに他ならない．

このような主張に対してはなおも，これらの言明を，そこに「創造」という言葉が登場しない以上，永遠真理創造説に必然的に結び付けるわけにはいかないという反論がなされるかもしれない．そのような反論に対しては，第一に，デカルトは，神が永遠真理を創造する場合の原因性についてとりわけ「作出的(efficiens)」という言葉をあてがっていること，第二に，デカルトはこの種の創造を表す場合に，「創造」という言葉の代わりに意図的に，「作る(faire: facere)」あるいは「設置する(disposer: disponere)」という言葉を使おうとしたということを繰り返し指摘しなければならない．この点については，『省察』以外のいくつかのテキストにおいて，デカルトが，永遠真理あるいは可能的存在の創造ということが問題になったときには，「作出する(efficere)」という言葉を意識的に使っているということ，あるいは「創造する」と「作出する」と「作る」という言葉を同義的に使用しているということを確認することができる．

第一にデカルトは，『第二答弁』の「幾何学的提要」の終わりのところで，第三命題の系として次のような言明を掲げている．「神は天と地，およびそこに含まれるすべてのものを創造した．そしてそれに加えて神は，われわれが明晰に認識するものをすべて，われわれがそれを認識するとおりに作出する(efficere)ことができる」.さらにデカルトはこの系の論証のなかで次のような命題を提示している.「そのもの〔神〕によってのみ，天と地やその他のものが創造され，また，私によって可能的なものと理解される他のすべてのものもその同じものによって作られうる(fieri possint，仏訳では doivent avoir être créés)」[43]. ここで，「作る」と「作出する」と「創造する」がデカルトにとっては同義であること，また「われわれが明晰に認識するものすべて」が「私によって可能的なものと理解される他のすべてのもの」によって取って代わられていることは明らかである.言い換えれば，神はわれわれが明晰に認識するものはすべて作り(作出し)うるということは，神はわれわれが可能的なものと理解するものすべてを創造しうると主張することに他ならず，そのことはとりもなおさず永遠真理創造説に帰着するのである.

第二に，1640年の12月31日のメルセンヌ宛ての書簡のなかでデカルトは，同様のコンテクストの一節において，「作出する」の代わりにはっきりと「創造する」という言葉を用いている.その箇所でデカルトは，彼にはまったく明白なこととして，「われわれが明晰に理解するものすべてに可能的存在が含まれている.なぜなら，われわれがそれを明晰に理解するということ自体から，それが神によって創造されうる(posse creari)ということが帰結するからである」[44]とのべているのである.

最後に，以上のポイントを特にはっきりと示しているテキストとして『哲学の原理』の第一部のなかの一節を挙げておこう.それは，デカルトが彼の「実在的区別」についての教説を説明している第

60節のなかの文面である．そこでデカルトは次のようにいう．「われわれはすでに神を知っているので，神はわれわれが判明に理解することなら何であろうとも作出しうる(ipsum posse efficere quidquid distincte intelligimus)と確信する．したがって，例えば，われわれは，われわれがすでに延長を持つ実体すなわち物体的実体の観念(ideam substantiae extensae sive corporeae)を持っているということだけから，そのような実体が実際に存在するということをまだ確実には知らないにもかかわらず，その実体が存在しうる(posse existere)ということ，また，その実体が存在する場合には，われわれの思惟によって限定された，その実体のいずれの部分も，同じ実体の他の部分から実在的に判別されているということを確信する[45]」．このようなわけでわれわれは，数学的真理をも創造したという全能の神に依拠することによって，われわれがそれについての明晰判明な観念をわれわれのうちに持っている延長せるものが，物理的自然において実体として存在しうること，また物理的自然がわれわれがわれわれの思惟によって規定するような構造を実際に内蔵しているということを確信することができる．そこでわれわれは，物質の延長を「〔伝統的なアリストテレス主義が主張するように〕偶有性(accident)としてではなく，それの真の形相，それの本質(sa vraie forme et son essence[46])として」規定することができるのである．デカルトにおいては，このような形而上学的見地からの自然哲学が，延長と物質の同一化および物理的自然の構造の数学的規定を可能にするのである．

デカルトはこのようにして，物理的自然についての新しい数学的理論の構成の試みを，現に存在する世界の創造者であるだけではなく，われわれが明晰判明に理解しうるものの創造者でもある神に常に依拠することによって正当化しようとした．デカルトによれば，われわれのうちの数学的観念によって構成された物理理論がわれわれの外の物理的自然において実際に物質的に現実化されて存在しうるということは，われわれが明晰判明に認識することなら何であれ創造しうるという神によって保証されるのである．われわれの解釈によると，この見解はまさしく永遠真理創造説に基づく．そして，この説は，デカルトが自分の自然哲学を提示している主要著作のいずれにおいても介入し機能していると考えられるのである．

III　自然学の基礎づけとしての『省察』

1　コギトとアリストテレス主義経験論の排除

1640年の11月，デカルトは，執筆を終えた『省察』の原稿をメルセンヌに送る時に彼に次のように告げている.「私がこれから貴方にお送りするこの僅かばかりの形而上学は私の自然学のすべての原理を含んでおります[1]」. デカルトはまた，それから少し後に同じ相手に書き送った書簡のなかでも同じことを繰り返し述べ，そこでさらには『省察』の公刊の目的をも密かに打ち明けている.「これはわれわれの間だけの話ですが，この六つの省察は私の自然学のすべての基礎を含んでおります．しかし，そのことをどうか〔公には〕おっしゃいませぬように．というのも，アリストテレスをひいきにするものはおそらくそれだけこの省察に同意し難くなるでしょうから．私としては，この省察を読む人たちが，私の原理に少しずつ慣れ，そしてアリストテレスの原理を解体しているのに気付く前に，私の原理が真であることを認めるようになるのを期待しています[2]」.

デカルトの形而上学とくに『省察』の形而上学は歴史上，様々な反応と様々な解釈を喚起してきた．そのような状況は今後とも変わることはないであろう．それほど，この形而上学はそれだけで濃密で豊かなものである．そこで，この形而上学の解釈にあたって，デカルト自身の意図を十分に考慮にいれることなく，そこから何らかの独自の理解を引き出そうとする試みがあっても，それをデカルト形而上学の不当な解釈として一概に非難することはできない．哲学の古典というものは，新しい，時には思いがけない哲学的考察の展開のための重要な素材という役割を果たすことで，その尽きせぬ存在価値を発揮するものと考えることができるからである．しかし，デカルトの形而上学を，デカルトのテキストとその意図するところに従って解釈することを自分の課題とするものは，上で引用したデカルトの言明を極めて重要なものとして受け止めなければならない．デカルトは上のように述べることによって，『省察』の，唯一とはいわなくとも主要な目的が，彼の自然学の基礎を，アリストテレスの原理を解体することによって築くことにあると告げているのである．そこでわれわれは，以下で，どのような意味で，またどのような理由からデカルトは，彼の『省察』が彼の自然学のすべての基礎を含むと述べ，また『省察』がアリストテレスの自然哲学の無効性を帰結することになると主張するのか，この問題を検討することにしたい．

デカルトが『省察』において最初に獲得する不可疑で真なる命題とは，いうまでもなく「私は有る，私は存在する(Ego sum, ego existo.)」という命題である(「私は思惟する，故に私は有る(コギト・エルゴ・スム．Cogito, ergo sum. Je pense, donc je suis.)」という表現は『省察』にはない．これは『方法序説』や『哲学の原理』で哲学の第一原理ないし最初の最も確実な認識として登場する表現である．しかし，この「私は有る」の命題が『省察』において

「コギトの存在定立」の命題に対応するものである）．この命題をデカルトは，第一省察の当初からのいわゆる「方法的懐疑」という手段を介し，それを感覚の対象や身体の存在に及ばせ，さらには「欺く神」の想定による「誇張懐疑」という仕方で数学的真理にまで徹底して，普遍的に行使することによって獲得する．デカルトにおいては「我の存在」は，「確実なものは何もない」，「世にはまったく何も存在しない」という，（懐疑の主体以外の）すべてのものに対する全体的な否定の極致において獲得されるのである[3]．ついでデカルトは，第二省察の初めのところで，この我の存在の確証を得たあとすぐさま，「今や必然的に存在するところのその私とはいったいいかなるものか」と問い，我の本質規定にとりかかる．そこで，人間についての伝統的な見解や感覚経験に由来する習慣的な理解が排除され，そうして得られる結論が「私とは厳密にいえば，思惟するもの（レス・コギタンス，res cogitans）に他ならない」ということである[4]．

ところで，このような我の存在の確立と我の本質規定とは第二省察の前半でなされる．それではデカルトは，その後半部分，すなわち第三省察で次の課題の神の存在証明に入るまでのところでは，いったい何について省察を凝らしているであろうか．この局面でデカルトが究めようとしている事柄は次の文面に現れている．「このように厳密に解されたもの〔我〕についての知識が，それが存在することを私がまだ知ってはいないものには依存しないということ，したがって，私が想像力によって思い描くようなものには何ものにも依存しないということは極めて確かなことである[5]」．つまり，この段階でデカルトが専念しているのは，精神の働きをその存在が疑われている身体や感覚器官から引き離すこと，とくに想像力から引き離すことである．それでデカルトは，この局面では，自己の精神の認識が想像力の働きとは独立になされるということの確認に特に意を凝らすのである．デカルトは実際に上の文面の箇所よりもう少しあとのところで繰り返し次のように述べている．「こうして私は知るのである．想像力のお陰で私が心に抱きうるようなものは何ひとつとして，私が私について持っているこの知識には属さないということ，また精神に自分自身の本性をできるだけ判明に捉えさせようと思えば，できるだけ注意して精神をそのような想像力が描き出すものから遠ざけなければならないということを[6]」．これらの文面のあと第二省察の後半で展開されるいわゆる「蜜蠟の分析」の最終的な目的も，私の精神自体の認識の方が知性の対象の認識よりも先行するものであること，したがってもちろん想像力の対象の認識よりも先行するものであることを確認することにあるのである．

ところで，本書第Ⅰ章での『規則論』の分析で指摘したように，アリストテレスによれば「魂は表象像なしには思惟することはできない[7]」．また，中世においてアリストテレスの認識論を継承したトマスによれば，魂はまず他の事物を把握するのでなければ自己認識に及ぶことはない．ところで，トマスにとっては人間知性の第一の対象とは「物質的〔質料的〕事物の本性(何性，quidditas sive natura rei materialis)」である．そこで，人間知性が現実的にその対象を認識するためには，表象像(phantasma)に向き直らなければならないと考えられる[8]．換言すれば，アリストテレス主義の伝統に従えば，自己認識とは，表象像ないし想像力を介して感覚対象を認識する第一次的作用に重ねられる第二次的作用に他ならないのである．

デカルトはこれとは逆に，この『省察』で，精神は表象像ないし想像力と独立に自己を認識すると主張しているのである．デカルトによれば，「思惟することとその思惟を反省すること」とは一体的で同時のことであり，それが「意識すること(conscium esse)」に他ならない[9]．言い換えれば，精神が自己を認識するためには，精神があらかじめ想像力ないし表象像と一つになって感覚対象を認識するという態勢にある必要はないのである．デカルトは，このように第一省察から第二省察にかけて精神を想像力から引き離すという作業を徹した結果，第二省察の終わりのところで次のように結論する．「私は，何ものも，私の精神よりも容易にまた明証的に，私によって把握されることはできないということを，明らかに認識する[10]」．このことは『哲学の原理』に従えば次のように表わされる．「われわれの精神は物体よりもより先に，そしてより確実に認識されるばかりではなく，より明証的にも認識される[11]」．デカルトによれば，人間知性の第一の対象はわれわれの精神自体なのであり，その認識は，感覚器官はもちろん想像力からも独立にできるのである．精神を身体や想像力から引き離すということは，結局，感覚対象や表象像に認識論的優先権を与えるアリストテレス主義の経験論を退けるという役割を果たすのである．

さて，「蜜蠟の分析」は精神の自己認識に関する帰結以外に，もう一つ，これも想像力に関わる帰結をもたらしている．それは物質的事物の本質の認識における想像力の役割についてのものである．蜜蠟の分析とは，一片の蜜蠟を例にとって物質的事物の普遍的本質とは何かということを検討しようというものである．そこで，その本質とは「拡がり(extensio)」をもつということに他ならないと，いちおう結論づけられるのであるが，ここでのこの結論は物質的事物の本質を最終的に確定するものではない．この段階では，我の存在や本質以外のすべての事柄がまだ懐疑にかけられており，ここでは物質的事物の本質の確定は権利上できないからである．ここでの蜜蠟の分析の目的は，上述のように，われわれの精神自体の認識の方が物体的事物の認識よりも先行し，その方がより確実で明証的であるということを確認することにある．しかし，この蜜蠟の分析によって，物質的事物の本質の認識について少なくとも次のことが確定される．それは，「〔蜜蠟の本質についての認識が可能であるとすれば〕その認識は想像力によっては実現されるものではなく」，ただ「精神の洞見(inspectio mentis)」によってのみ可能であるということである[12)]．デカルトはこの「蜜蠟の分析」で何度も，想像力は物質的事物の本質の理解に対して何の機能も果たさないということを強調する[13)]．「蜜蠟の分析」はしたがって，物質的事物の本質についての観念を形成する能力を想像力から剥奪し，その能力をただ知性にのみ帰属させる役割を果たしているのである．

ここで，『規則論』の認識論をなおも規定していたアリストテレス主義によれば，物質的事物の真の観念は想像力のうちに形成されてあり，人間知性は物質的事物の認識に携わる時には想像力と協働しなければならないとされていたことを思い起こそう．デカルトが第二省察の「蜜蠟の分析」で攻撃するのは常にこのアリストテレス主義の経験論的認識論である．この蜜蠟の分析はそこで，物質的事物の本質を知性のうちにある数学的観念によって決定しようという「(観念の)生得説」を準備する．そうして，知性のうちに見出される「観念(idée)」を想像力のうちに描かれた「表象像(image)」から分離することが，デカルトにおいては，彼の認識論を確立するための基盤を構成することになる．デカルトは実際に，『第二答弁の幾何学的提要』の初めに提示された観念についての「定義 II」のなかで次のような説明を与えている．「私は想像力のうちに描かれた表象像だけを観念と呼ぶのではない．それどころか私はここでは，そのようなものを，それが身体の想像力のうちにある限りは，いかなる意味でも観念とは呼ばない[14]」．デカルトが観念ということで理解するのは，「何であれ思惟の形相であり，それの直接的な覚知によってその同じ思惟を私が意識しているところの思惟の形相である[15]」．デカルトによれば，ホッブズやガッサンディのような唯物論者ないし経験論者の主な誤りは，彼らが「観念という名称をただ想像力のうちに描かれた像にのみ限定した」ことにある[16]．諸々の観念は身体の部分としての想像力のうちではなくして，身体から独立の思惟に帰属するものなのである．

こうして，第二省察の展開とともにデカルトの『省察』の狙いの一つが段々と明瞭になる．それは，「物体的事物についても，非物体的事物と同様に，それの純粋の理解というものはいかなる物体的形象もなしになされる」という主張である[17]．一言でいえば，デカルトは『省察』の前半部でもっぱら，精神は身体器官とりわけ想像力と独立に存在し，その自己認識のために表象象や想像力を必要としないこと，さらに，物質的事物の本質の認識についても，もしそれが可能であるならば，それも想像力による物体的形象なしになされるということを主張しようとしたのである．それはとりもなおさず，アリストテレスに由来する経験論的伝統を解体することであり，知性の内なる観念を素材として新しい知識の体系を築こうとすることである.

2　神の存在証明

――万物の創造者あるいは作出原因としての神――

いったんコギトが獲得されると，それはその後の『省察』の展開のための不動の足場となる．しかし，これだけでは,「欺く神」あるいは「悪霊」の想定による「〔数学的真理にまで及ぶ〕誇張懐疑」を消し去ることはできない．というのも，この懐疑は我の存在あるいは我の本質のその都度の認識以外のすべての事柄に波及しつづけ，そのような事柄に対する懐疑はコギトの確立だけでは払いのけることはできないからである．そこでデカルトが引き受けなければならない次の仕事とは,「神が存在するかどうか」ということ，さらに「神が存在する場合に，神は欺瞞者ではありえないかどうか」ということである．この問題の決着をつけることができて初めて，自己についての現実的認識以外の事柄について判断する権利を獲得することができることになる.

しかし，ここでデカルトは，コギトを哲学の第一原理として措定したことに起因する大きな困難――おそらく，デカルトのコギトの哲学を原点とするような，その後の近代の哲学全体が引き受けなければならないと考えられる困難――に直面することになる．というのも，この段階で獲得されているのは我の存在と本質についての現実的認識だけであって,『省察』の主体は，自己以外の事物の客観的地平に身を置くことはできず，そのような事態にあって，自己に固有の思惟だけを手掛かりにしながら，しかも，思惟する自己以外の存在を探し求めなければならないからである．要するに，デカルトはここで，自己についての現実的認識だけが確かな状況の中にあって自己以外の存在を探究するという難題に取り組まなければならないのである．デカルトはそこで，第三省察の当初，神の存在証明に取り掛かるにあたって，コギトの認識から真理認識のための一般的規則となるべきものを引き出す．それが「私がきわめて明晰かつ判明に認識するものは真である」という「明証性の規則」である．しかし，この規則はこの段階では，私の思惟から引き出され，私の思惟に支えられるものであって，真理の認識のための暫定的指標という身分しか持ちえず，これだけで思惟する我が事物の客観的地平へと超出することはできない[18]．

そこで，コギトが客観的地平へと超出するために特に依拠するのが「因果性の原理」である．神の存在についての第一の証明において論証の軸となっているのは，私の諸々の観念が表す意味内容すなわち「表現的実在性(realitas objectiva)」の「作出的で全体的な原因(causa efficiens et totalis)」を問題にすることであり，それを特に「無限者としての神の観念」について究明することである[19]．また神の存在の第二の証明では，「最高に完全な存在者の観念」が私のうちにあると認める限りでの私の存在の作出的で全体的な原因を究明することである[20]．それでデカルトは，『答弁』において，自分の神の存在証明をよりはっきりと説明する必要を感じた時にはいつも，神の存在証明において「因果性の原理」に訴えることが不可欠であり，それが最も重要な役割を果たすという点を強調するのである．

第一に，『第一論駁』においてカテルスが，神の観念を初めとして人間知性が持つ観念の表現的実在性というものは，事物に対する外からの命名に他ならず，そのようなものは原因を必要としないと主張するのに対して，デカルトは次のように答える．この実在性は確かに知性の外の事物の実在的な在り方とくらべれば不完全なものであるが，「まったくの無」ではなく，「それが認識されるためには原因を必要とし」，その原因のうちにおいて形相的にか優勝的にか(形成されたものとしてか，あるいは優れた能力によって形成されうるものとしてか)存在しなければならない[21]．これはデカルト自身の比喩的説明によれば次のようなことである．いま，ある人が極めて精巧な機械の観念を持つことになったとする．その場合に，その精巧な機械の観念をその人はどこから得たのかということ，すなわちその機械の知的理解の原因は何かを問題にするはごく正当なことである．その時に，それは観念についてのことだからその原因を問う必要はないとか，その原因は知性の働きであるというのでは答えにならない[22]．他ならぬその特定の観念内容の知的形成の原因を問うことは極めて自然なことなのである．デカルトはさらにこの『第一答弁』で，何であれ事物の作出原因を尋ねる必要性を強調して次のようにいう．「自然の光の教えによれば，それがなぜ存在するのかと追求すること，あるいはその作出原因を問い尋ねることのできないようなものは何一つ存在しない[23]」．

ついで，デカルトは，『第二論駁』の起草者メルセンヌがカテルスと同様に，われわれのうちにある神の観念は「観念的存在(ens rationis)」にすぎないと反論したのに対しては，カテルスに対するのと同じ答弁を繰り返し述べ[24]，さらに『第二答弁の幾何学的提要』における公理群のなかの筆頭に，次のような因果性の原理を置いている.「それが存在することの原因は何かということを問うことのできないようなものは何も存在しない．というのも，そのことは神自身についても問うことができるからである……」．そこで,「われわれの観念の表現的実在性は，そのうちにその同じ実在性が単に表現的にだけではなく，形相的にかあるいは優勝的に含まれる原因を必要とする」と改めて述べたあと，この公理の重要性を強調して次のように述べている.「この公理は，可感的なものであろうと可感的でないものであろうと，あらゆる事物の認識がそのことにのみ依存するほどに，必ず受け入れられなければならないものである[25]」.

最後に,『第四論駁』でアルノーが，デカルトが作出原因の概念を神の存在そのものにまで適用するのを厳しく批判したのに対して次のように答弁する.「作出原因の考察は，神の存在を証明するためにわれわれが有する，唯一とはいわなくとも，第一の主要な手段であるということは誰にとっても明らかであると思う[26]」．デカルトによれば，この作出原因の考察というものを，神を例外とすることなく，あらゆるものに適用するべきであって，むしろそうしてのみ事物の作出原因の探究から神の存在そのものにまで到りうるのである[27]．このように，デカルトが，コギト自身の主観的地平からコギト以外の客観的地平へと超出するために，特に依拠するのは因果性の原理なのである.

しかし，この因果性の原理は，そのお陰で，何であれ，われわれのうちに結果としてある観念からわれわれの外にある原因を導出することが無条件にできるような一般的公理ではない．それは特に，神の存在証明の前の，まだ欺く神の想定が効力を発揮しているこの段階ではそうである．この点をデカルトに指摘したのはビュルマンである．ビュルマンは，「著者〔デカルト〕は第三省察で神が存在するということを公理を使って証明しているが，そこではまだそのような公理について自分が誤りはしないということは確かでない」はずだ，といっているのである．この反論に対するデカルトの答えは次のようなものである．「著者は公理に関して誤りはしないということを知っている．というのも，彼は公理に注意を払っているからである．ところで彼は，注意を払っている限り，誤りはしないということを確信しており，公理に同意せざるをえないのである[28]」．したがって，この段階での因果性の原理の妥当性は，文字通りに公理として無条件的なものではなく，精神の注意作用によって支えられ条件づけられていなければならないのである．

さらに，この段階では，省察の主体には，自己自身の起源（作者）は知られておらず，まして諸々の観念の起源は究明されてはいない．したがって，ここでは，自分自身が，おのおのの観念の表現的実在性の原因であり，その源泉であると想定することは妨げられない．実際に，デカルトが第三省察での神の存在証明の初めで推し進めるのは，そのようなまったく観念論的な見地なのである．そこでデカルトは，諸々の観念の表現的実在性の原因を究明していくなかで，物質的事物の観念についてさえ，「私自身から生起しえたとは思われないほど大きいものは何も見あたらない」という[29]．また，「他我(alter ego)」の観念についても，それをこの局面では，彼が自分自身について持っている観念と，物体的事物について持っている観念との複合から形成されると考える[30]．ここでは，物質的事物や他我の観念内容でさえ，自己自身だけを源泉として形成されると考えられるのである．このような考えは，その後の構成主義的観念論や超越論的現象学の形成のためのベースを提供することになったものである．フッサールが，この，神の存在証明の前までの，普遍的懐疑からコギトの地平の解明に至る『省察』の局面を彼の現象学の構築のモデルとしたことは周知のことである．

しかし，この次の『省察』の展開は，神の観念の表現的実在性を前にしての根本的な立場の転換をみせる．デカルトがここで神の観念によって理解するというのは，「ある無限な，独立の，全知かつ全能の〔最高の知性と能力をもった〕，私自身と，他の存在するすべてのもの――もし他になにものかが存在するなら――を創造した実体」[31]である．そのような実体についてデカルトは，「何か私自身から生起しえなかったものがありはせぬか」[32]と問い尋ねる．問題は，そのような神の観念が含む表現的実在性を自分の思惟がその原因として形成しうるかどうかということを究明することである．もし，その実在性を自分が本性的に形成できないのなら，それの原因が私以外に存在するのでなければならない．デカルトはそこで，神の観念の表現的実在性，とりわけここで神の属性の筆頭に挙げられている「無限性」についての考察から，その実在性を本性的に有限である自己自身から引き出しえないということ，すなわち自己自身がこの観念内容の原因でありえないことを確認する[33]．それはとりもなおさず，それ自身が無限であるところの存在者，すなわち神が現実に存在すると結論しなければならないということである．このようにして，デカルトは，この証明の前半では観念論的見地を可能なかぎりたくましくしたものの，とりわけ無限者としての神の観念が含む表現的実在性を前にしたところで，人間知性の有限性と受動性とを認めざるをえず，そのことを極めることによって神の現実存在を結論づけることになるのである．

ところで，ここで注意しなければならないのは，無限なるものは有限なものの否定として理解されるのではなく，無限者と有限者とが同じ存在論的レベルにあるのではないということである．デカルトは「私のうちでは，無限者の理解が有限者の理解よりも，すなわち神の認識が私自身の認識よりもある意味で先であることを明白に理解する[34]」という．またここで，デカルトが神を無限者として理解するという場合，その無限性とは継起的にどこまでも拡大するという可能的な無限性ではなく，実際に無限の完全性が一挙に現実的にあるという「現実無限(actu infinitum)」のことである[35]．そのような現実無限の表現的実在性というものを人間知性は形成しえない．しかも，それだけではなく，実は，人間知性はそのような現実無限の神の観念があって初めて自分の能力をどこまでも拡大していこうとすることが可能になるのである[36]．

私の思惟の順序からすれば，私の存在の認識は神の存在の認識よりも先である．しかし，それはあくまで認識論的順序のことであって，現実に無限な存在を前にしての私の存在や能力の有限性と受動性の確証は，前者が後者に対して存在論的には先なるものであることを知らしめる．言い換えると，われわれの精神が形成する表現的実在性の有限性と神の観念が表す現実無限者の表現的実在性との間の不均衡によって，われわれは後者の表現的実在性の原因としての神の存在の存在論的先行を認めざるをえないのである．このように，思惟する我以外の存在，すなわち神の存在の定立を導く因果的推論の妥当性は，私の有限な存在と神の観念が含む現実無限の表現的実在性との間の「不均衡」あるいは「非対称的関係」に基づいている．こういうわけで，神の存在の第一の証明は，因果性の原理を神の観念が含む表象内容に適用し，そこで人間知性はその内容の形成の原因でありえないという有限性あるいは受動性を極めることによって果たされる[37]．

さて，神の存在の第二証明も因果性の原理に依拠して展開される．ただそれは，第一の証明とは，神の観念の表現的実在性の原因を求めるというのではなく，無限にして最高に完全な存在者としての神の観念を有するかぎりでの我の存在の原因を求めるという点で異なる．そこでデカルトは，この証明で，自己自身がそのような観念をもつ限りでの自己の存在の原因ではありえず，そのような自己の存在はその原因として，神の観念が表すあらゆる完全性を現実的に有する存在すなわち神の現実存在を必要とするのであり，しかもその自己の存在の保存は神による「連続創造」という仕方でしか可能でないと論ずる[38]．

ここで注目すべきことは，すでに触れたように，デカルトはこの論証で因果性の原理すなわち作出原因性の原理を神の内実そのものまで踏み込んで適用するということである．デカルトは実際に，私の存在を連続的に創造する原因を「作出的」と呼ぶことに問題はないと考えるのみならず[39]，「神は自己自身に対して，ある意味で，作出原因がその結果に対するのと同じ関係にある」ということを認める[40]．このように作出原因性を神の存在そのものにまで適用することによってデカルトは，神は「自己自身によって積極的な意味で存在する (esse a seipso positive)」ものであること，すなわち神は

「自己原因(causa sui)」であるという主張に至る[41]．こうして，作出原因性が一般的にあらゆるものに適用されることから，神自身の積極的な意味での内的な自己原因性というものが帰結されることになるのである．

ところが『第四論駁』でアルノーがまさに，デカルトが作出原因性を神の存在そのものにまで適用したことを批判する．アルノーによれば，作出原因性を神自身にまで適用し，神を自己原因とみなすことは，「神を被造物にならって」理解しようとすることに他ならず，被造物に対する神の絶対的な超越性を損なうことである．というのも，作出原因はその結果と異なるものであるはずであり，また結果に時間的に先行するはずのものであって，そのような作出原因性を神自身の内部にまで適用することは，神の内部に時間的，存在的区別を持ち込むことである．それはすなわち，アルノーによれば，神の絶対的な統一性あるいは超越性を崩すことに他ならないのである[42]．

しかしデカルトはこの反論を受け付けない．上述のようにデカルトによれば，作出原因性の考察というのは神の存在証明のための第一の主要な手段なのであり，しかもその手段に従うというのは，神を例外とすることなく，あらゆるものの作出原因をわれわれの精神に求めさせるというのでなければできない．とりわけ，まだ神を知らない人々のことを考えれば，「もし彼らが，あらゆる事物の作出原因を尋ねうると考えるのでなければ，彼らが，神以外の事物の作出原因を尋ねて，そうすることで神の認識に至るということはどうしてできるのか」といわざるをえない[43]．その結果，神を積極的な意味で自己原因と解することになるのである．

デカルトによると，誰であれ自然的光の教えに従うものは，まず，「作出的な原因と形相的〔本質的〕原因とに共通のある概念を形成する」[44]．そうして，ちょうど，多角形の辺の数を無数に増やして極限移行させ，その多角形を円に同一化させて円を理解する場合のように，作出原因のアナロジーを使って，「形相原因に属すること，すなわち神の本質自身に属することの説明」に至ることができるのである[45]．このようにデカルトは，神の存在証明のために作出原因性の原理を，神の存在そのものへの適用を含めて使うことの必要性を強調する．

確かに，作出原因性を神の存在そのものにも適用し，神における作出原因性を神の形相原因すなわち本質の理解にまで持ち込むことは，神の超越性を損なう危険を伴う．しかし，デカルトにとっては，神の認識のためにあらゆる事物の作出原因を尋ねるという方策をとることが不可欠であるのみならず，第一原因としての神の内的本性を作出原因という概念を介して考察することが，「神は存在するために〔他の〕原因を必要としないようにさせる神の能力の広大無辺さ(immensitas potentiae)」[46]というものを知らしめるのである．「神は自己自身に対して，ある意味で，作出原因がその結果に対するのと同じ関係にある」ということができるのも，「神の能力の実在的な広大無辺さ」のゆえなのである[47]．この神の自己原因性あるいは広大無辺な能力が，存在するためには必ず他の原因を必要とする被造物に対する神の超越性を開示するのである．そのためにデカルトは，一方で，神の内部における作出原因という在り方と形相原因としての在り方との間のアナロジーあるいは連続性を強調しながらも，他方で，無限で自己原因としての神の存在と存在するために他に原因を必要とする被造実体(思惟実体)との間には，同じく実体であるにしても「一義的な仕方での(univoce)」理解はありえないというのである.[48)]

このように，初めの二つの神の存在証明はいずれも因果性(作出原因性)の原理に従い，それを，われわれのうちなる観念の表現的実在性あるいはわれわれの存在という「結果」に対して適用し，そこからその原因としての神の存在を導出するという展開を示す．さて，この，作出原因性の原理による二つの証明(「結果からの証明」)によって浮き彫りにされる「神の能力の無限性あるいは広大無辺さ」が，最後の，神の存在についてのいわゆる「存在論的証明」の実質的な根拠となっている.

デカルトの存在論的証明というのは，その骨子としては，人間知性のうちに与えられてある「最高に完全な存在者」の観念が示す「神の本性」には常に「神の存在」が不可分に属するということから，神の現実存在が帰結するというものである．この証明は，この限りの内容では，周知のように，アンセルムスの議論に遡ることのできるものであり，デカルト以前ではトマスによって，同時代ではガッサンディによって反論されているものである．さらにデカルトの後では，いうまでもなくカントによって，その難点がはっきり指摘されたものである.

しかし，デカルトの存在論的証明には，デカルトに固有な神の概念に由来する独自の要素があり，それが彼の存在論的証明の議論を支えているということに留意しなければならない．その要素とは，神の本性を特質づける神の能力の広大無辺さ，あるいはその無限性ということである．というのも，デカルトが特に『第一答弁』において，『省察』本文の存在論的証明を究めようとして強調するのは次の点だからである．すなわち，われわれは「神の能力の広大無辺さ〔仏訳では，「神の無限の能力(puissance infinie)」〕に注意をむけると，神はみずからに固有の力によって存在しうると認識」しないわけにいかず，そこから「われわれは，神は実際に存在し，また永遠の昔から存在したと結論するのである．なぜなら，自然の光によって，みずからに固有の力によって存在しうるものは，常に存在するということはこのうえなく明白なことだからである．それでわれわれは，最高に能力のある存在者(ens summe potens)の観念には必然的存在が含まれているということを理解するのである[49]」．そういうわけで，『省察』における「存在論的証明」は，作出原因性の原理に従う初めの二つの神の存在証明によって明らかにされる神の属性，すなわち神の能力の無限性あるいは広大無辺さということの理解に支えられているのである．

ただし，神の存在の存在論的証明は，もし偏見に妨げられることなく，また心理的障害がなければ，それ自身は初めの二つの証明と独立のものであり，分析的手法による『省察』と違って総合的手法によって神の形而上学を展開しようという場合には，その順序として第一にくることのできるものである．また，存在論的証明は「事物〔客観〕の側から(a parte rei)，結果からの証明が単に事実的に発見させ知らしめるものの最終的根拠を認識させる」という点では三つの証明のなかでも主要なものと見なすこともできる[50]．実際に，この存在論的証明では，原理的には，主観的地平にあって結果としての我の知性が擁する観念や我の存在に立脚するということなく，直接的に神の属性そのものの考察から神の現実存在をひきだすことができるのである．さらには，存在論的証明はデカルトの体系にあっては，数学の体系における公理の役割に比すべき役割を担っているとも考えることができる．実際に存在論的証明は，総合的論述のスタイルによる『哲学の原理』では，三つの神の存在証明のなかで第一に提示され，数学的形式体系の形を取った『第二答弁の幾何学的提要』では，二つの結果からの証明を示す命題に先立って第一の命題として立てられているのである．

しかし，デカルトはこの二つのテキストにおいて，偏見なしに直接的に存在論的証明を受け入れることの困難を認め，そのために，まず二つの結果からの証明から入ることを勧めている[51]．デカルトが存在論的証明において，その証明の力を与えるものとして何度も強調するのは「事物自体の必然性」ということであり，「私の思惟が事物に必然性を課すのではなく，事物自体の必然性すなわち神の存在の必然性が私を決定してそのように〔神における本質と存在との不可分離性を〕考えさせる[52]」ということである．しかし，この事物の必然性というのは，神の本性すなわち神の能力の無限性あるいは広大無辺さというものが十分に明らかにされない限りは容易に感知されえない．そこで，精神を事物の客観的地平へと導き，神の本性の十分な認識をもたらすのが作出原因性の原理による二つの結果からの証明である．それで，原理的には存在論的証明はそれだけで独立に受け入れられるものであっても，実際には，結果からの証明によって神の本性の十分な認識が準備されることによって理解されるものなのである．こうして，この存在論的証明とともに，コギトの主観的地平をまず確立し，しかもそのうえで自己とは独立の事物の客観的地平に超出しようという難題の解決が果たされる．このようなわけで，コギトから，神の客観的，形而上学的地平へ移行するというデカルト形而上学の核心部分の展開を可能にするのは因果性の原理なのである．

ところで，この作出原因性の原理に従ってなされる神の存在証明は，それによって，(神以外の)あらゆるものの普遍的創造者としての神という，デカルトに特有の神の概念を前面に押し出すという特質を持っている．第一に，この作出原因性による証明は，カテルスにおけるような，アリストテレスに起源を持つ結果からの宇宙論的証明と混同されてはならない．この宇宙論的証明というのは，「可感的事物には，ある作出原因の秩序あるいは系列がある[53]」ということと，それに加えてその系列の無限遡行は不可能であるということを前提するもので，そこから，この系列を辿ることによって最終的な第一の原因(神)に達することができるとするものである．しかし，この場合には，原因は可感的事物との関係においてしか探究されず，そうすると，作出原因の形而上学的探究は，自然学的レベルにおける事物の作用原因あるいは作動原因(causa movens)の探究とはっきり区別されることはない．さらに，われわれはこの原因の系列を無限に遡行することはできないということは，第一の原因に達しうるということではなくて，むしろその系列は無限に続くという考えにつながるものである[54]．

これに対して，デカルトの作出原因性に従う論証は，自然学のレベルに属するものは何一つ前提にしない．それは，可感的世界は存在せず身体も存在しないと想定されている状況で，徹底的に形而上学のレベルにおいて，観念の表現的実在性や神の観念を持つ思惟実体としての我の存在の作出原因を探究しようとして展開されるものである．デカルトの神の存在証明において，「結果」として検討され，しかもその証明において重要な役割を果たす「結果」というのはただ一つ，「無限者の観念」あるいは「最高に完全なまたは能力ある存在者の観念」，すなわち「神の観念」だけである．そして，それは，神自身によって人間知性のうちに刻印されたものである[55]．

さらに，デカルトの神の存在証明は，我の主観的地平から神の地平に移行するのに，マルブランシュにおける「叡知的延長(étendue intelligible)」のような創造されざる観念に訴えるということはない．デカルトによれば，神の観念の表現的実在性そのものが，神を原因として人間精神のうちにその結果として刻印されたものである．デカルトの神の存在証明はまた，ライプニッツにおけるように，人間知性と神の知性との間の何らかの対応を要求するものでもない．ライプニッツにおいては実際に，人間知性が擁する観念と神の知性の観念(イデア)との間，すなわち表現するものと表現されるものとの間にある同型的対応が求められ，これは当然，神において創造に先立ってイデアの叡知的世界が存在することを必要とする．ライプニッツによれば「われわれの魂の本質とは，神の本質，思惟，意志と，そこに含まれるあらゆる観念の，表現ないし模倣あるいは似像なのである[56]」．ライプニッツは神の存在のアプリオリな証明を認めるが，それは，まず，それ自身は神の創造の対象でない永遠真理というものを認め，それが位置する場として神の知性がなければならないとするものである．そうしてその知性が帰属する神が現に存在しなければならないと結論づけるものである[57]．

ところが，作出原因性によってのみ完遂されるデカルトの神の存在証明には，創造の枠外に位置づけられるような要素は何も必要とされない．デカルトはしたがって，自分の証明が，あらゆるものの創造者あるいは作出原因(causa efficiens rerum omnium)としての神の存在を確立するものであると正当に主張することができる[58]．デカルトは実際に，メルセンヌ宛のある書簡で，この点にふれて次のようにいっている．「私は確かにはっきりと，神はあらゆるものの創造者であることと，同時に，神の他のあらゆる属性とを証明しました．というのも，私は神の存在を，われわれが神について持っている観念によって論証したからです．それも，われわれは神の観念をわれわれのうちに持っているのであるから，われわれは神によって創造されたのでなければならないからです[59]」．そうであるとすると，われわれは，『省察』における神の存在証明とともに，あらゆるものの創造者と規定される，永遠真理創造説の神の存在が最終的に確立されたと認めることができる．

以上のような，無限にして最高に完全な存在としての神の存在証明を展開し終えたところでデカルトは，そこから「神の誠実性」を引き出し，誇張懐疑による「欺く神」の想定をはっきり排除する．というのも，「欺く」ということは，最高に完全であるという，神に固有の本性に反するからである．デカルトは，注目すべきことに，「欺きうるということ」は明敏さと力能を示すと考えるが，「欺こうと欲すること」は明らかに悪意あるいは弱さを示すものであって，神の完全性に適合しないという[60]．最高に完全な神はしたがって，欺きうる能力は保持していても，実際に欺こうと欲することはないと確信してよいのである．このような理由からデカルトは，この「神の誠実性」に「明証性の規則」を根拠づける．ここで，神の存在証明の前の，第三省察の始めのところでは，主観性を免れない指針であった明証性の規則が，真理認識の客観的規範として形而上学的に基礎づけられることになるのである．デカルトは，神の存在についての結果からの証明を終えた後の第四省察の終わりで次のようにいう．「明晰判明な認知はすべて疑いもなくなにものかであり，したがって無に由来するものではありえず，必然的に神を——私のいうところの，かの最高に完全なものであって，欺瞞者であることとは相いれないところの神を——作者としてもっており，したがって疑いもなく真である[61]」．またデカルトは，第五省察の，存在論的証明を終えたところでも同じ帰結を繰り返しており，ここでは次のように明証性の規則を根拠づける論理をさらに明確に提示している．「しかし，私が神は存在するということを認識したからには，私は同時にまた，その他のすべてのことが神に依存していること，また神は欺瞞者でないということも知ったのであり，そこから私は，私が明晰判明に認識するものはすべて必然的に真であるという結論を得たのであるから……私は〔明晰判明に認識したことについて〕真で確実な学知を(veram et certam scientiam)持つのである[62]」．

このような『省察』の議論の核心は『方法序説』と同じである．デカルトは常に，明晰判明な知識の真理性を神に基づけ，そのような知識は神を作者として持ち，神に依存しているのであって，その神は欺瞞者でないということから，それは真であると確信してよいと結論づけるのである．一言でいえば，「あらゆる学知の確実性と真理性はただ真なる神の認識にのみ依存している[63]」のである．こうして，明証性の規則は神の客観的地平の方から形而上学的に確立され，その客観的妥当性を得ることになる．そこで，この規則は我の精神の現実的な注意あるいは現実的直観の射程の外のものに対しても適用されてよいことになる．また，われわれの精神のうちの観念にあって実在的で真なるものはすべて，観念論的にわれわれに由来するものと考えられるどころか，創造者の神によって外から刻印されたものと考えられる．このようにして，コギトの局面では我の存在と思惟のみに立脚した観念論が前面に押し出されたのが，神の存在証明を介して，われわれの内の観念が含む明証的で実在的なものはわれわれ自身と独立に外的に刻印されたものと解される．その観念が実際に真でありうるということ――すなわち，その内容が不変性をもつこと，あるいは外的存在に実在的根拠を持つということ――は，その創造者としての神という形而上学的存在の側から保証されるのである．

しばしば，デカルトは近代観念論の父と呼ばれる．しかし，デカルトの『省察』は，コギトの観念論的見地から出発しながら，それを神の形而上学的見地によって退けるという存在論的転回を明確に示している．この点は，フィヒテ哲学を中心としたドイツ観念論についての大きな業績をあげながら，デカルトの『省察』についても独自の大規模な体系的解釈を提示したマルシャル・ゲルーによって的確に指摘されている．彼は次のように言っているのである．「カントやフィヒテと違って，デカルトはけっして，人間精神が，それに固有の必然性によって事物の実在性を定義し措定することができるとは認めなかった．彼はけっして，確実性を，自分の不完全性を感知している人間精神にだけ依拠させることができるなどとは思わなかった[64]」．

3　数学的物理学の設定
——物質的事物の本質規定と存在証明——

さて，デカルトは，明証性の規則は全能の神によって保証されるというこのような考えに依拠して，われわれのうちにある数学的観念に従って物質的事物の本質の規定をおこなおうとする．実際にデカルトは，第Ⅱ章で言及したように，物理的自然の構造を数学的に規定しようとして，第六省察の初めの所で次のように言明する．「それら〔物質的事物〕は純粋数学の対象である限り，存在することができる，というのも，私はそれらを明晰判明に認識するから．なぜかというに，神は，私がそのような仕方で〔明晰判明に〕認識することのできるものをすべて作出することができるということは疑いのないところだからである[65]」．このようにデカルトは，われわれが明晰判明に認識する数学的対象が物質的事物の本質を構成するものとして存在しうるということを，そのような対象をすべて創造し物質化しうる神に依拠することによって主張する．こうしてデカルトは，数学的対象を含めてあらゆるものの創造者としての神の存在が証明され，それとともに明証性の規則の客観的妥当性が保証されたところで，物質的事物の本質は数学的に規定されるとする数学的物理学の可能性を根拠づける．このことはもちろん，アリストテレスの「性質の物理学」の決定的な排除を意味する．物質的事物の本質の規定については，「蜜蠟の分析」の段階でいったん，その本質は「精神の洞見」によって把握される「〔幾何学的〕延長」にありとする主張がなされている．しかし，その段階では誇張懐疑がなお有効であって，その主張は暫定的な性格のものでしかなかった．ところが，この段階で，神の存在と誠実性が確定され，明証性の規則が客観的に保証されるに至り，物質的事物の本質の（幾何学的延長としての）規定が最終的に設定されるのである．

しかし，『省察』の自然哲学は，この物質的事物の本質の確定で終結するものではない．なおも，「物質的事物が存在するかどうかを吟味すること[66]」が残っている．すなわち，われわれの側からの物質的事物の本質の表象に対応するものとして物理的自然が実際に存在するかどうかを確証することが残っている．われわれの外の物質的事物の本質の観念をわれわれの側で練り上げ，それを物質的事物に適用しようとすることと，物質的事物がわれわれの方が練り上げた観念どおりに現実に存在すると主張することとは同じではない．明証性の規則によって物質的事物の構造は人間知性が持っている数学的対象によって理解し規定できると原理的に主張することは許されても，そこからは，人間の側が物質的事物の本質について構成したある具体的な観念どおりに物質的事物が現に存在すると結論することはできない．そのように結論することは，人間の側からの自然についての知性的理解が必当然的に，神によって創造された自然に妥当すると主張することである．これは，永遠真理創造説から帰結される人間知性の観念の「偶然性」ということと抵触し，神の創造を人間知性の側の図式で決めてかかろうとすることであって，許されることではない．そこでデカルトは，物質的事物の本質規定をおこなった後，なおも，物質的事物がわれわれの精神の外に存在するかどうか，それはわれわれが表象する通りに存在するかどうかを検討することになる．そのためには外的物質的事物の存在に至る通路を探し求めなければならない.

そのような通路としてデカルトはまず想像力を考える．想像するためには，知性的に認識する時には使わない，ある「特別の心の緊張」が必要であり，このことから想像力が何らかの外的なものと繋がりがあるのではないかと考えられるからである．しかしデカルトは，想像力の働きについての内的吟味によって，これが外的事物の存在への通路の役割を果たすとは認めない．デカルトによれば，想像力というのは，存在すると想定されているにすぎない物体に対して，精神がそれに向き直り，そのうちに，自己が持っている観念に対応するものを見ているに他ならない[67]．一言でいえば想像力とは，想定されている物体に対して自己の観念を投影することであって，この能力の働きの本性には，知性的実体という主観に属する知性作用(intellectio)が含まれており[68]，したがって外的物体の存在を必然的に導きだすものではないのである．デカルトは物質的事物の本質の認識において想像力の役割をまったく認めないだけでなく，想像力に外なる物質的事物への通路を開くような機能も認めないのである.

想像力がこのように，物質的事物の存在の証明の手段としては排除されたために，デカルトはついで，感覚，とりわけ外的感覚の吟味に進み，そこに外的事物への通路が見出されないかどうか検討する．感覚や感覚の対象は『省察』の初めではまっさきに「方法的懐疑」にかけられたのであるが，我自身のみならず，「私の起源の作者」すなわち神の存在を神の誠実性ということとともに認識するに至ったこの第六省察の段階では，デカルトは，感覚も誠実な神によって人間に付与されたからには，感覚によって得るものをすべて懐疑にかけるべきではなく，それにも何らかの真理が含まれると考える.[69] そこで，感覚の領域は，観念論的に，人間知性による対象の構成に従順な質料を提供するものとは受け止められない．感覚の領域は，そこには知性作用に従属させえない独自の内容があるのではないかという見地から吟味される．

感覚についてのこの吟味からデカルトが物質的事物の存在証明のために引き出す決定的な点は，まず第一に，「場所を変えたり，様々な姿勢を取るという能力や，その類の能力」がわれわれの感覚能力のうちに認められるということである．このような能力は，想像力が知性的実体なしには理解できないように，それが帰属させられる或る実体なしに理解できず，また存在することもできない．ところで，そのような能力は「物体的実体すなわち延長を持つ実体」に内在するはずであって，知性的実体に内在するはずはない．なぜなら，そのような能力の明晰判明な理解のうちには，「確かに何らかの延長が含まれているが，どんな知性作用もまったく含まれていない」からである.[70] こうしてデカルトはまず，場所を変えたり様々な姿勢を取るという身体の操作的能力のうちには，いっさいの知性作用が含まれてはいず，逆に物質的事物の標識である延長(位置や姿勢の変化)が含まれているということに着目し，そこに物質的実体に帰属するとみなしうるものを認める．

そこでさらにデカルトはこの点を究めて，「私のうちに確かに，ある受動的な感覚能力，すなわち感覚的事物の観念を受容し認識する能力」があるということを確認する．ところで，そのような感覚能力は，「そのような観念を産出し作出する何らかの能動的な能力」なしにはありえない.[71] 受動という事態は，何らかの外からの能動作用というものなしには生じないからである．しかし，この能動的な能力は私のうちにはない．なぜなら，その能力はどんな知性作用も前提しないし，感覚的事物の観念は「私の意に反して産出される」からである．このようにしてデカルトは，位置や姿勢の変化を行使する身体能力や外的感覚の受動的能力の内に，知性的作用とはまったく異質で，したがって知性的実体にはけっして帰属させることのできない事態を見出す．そこでこの受動的事態に対して「因果性の原理」を適用し，そのような事態を因果的に引き起こす外的，能動的実体の存在を引き出す．そして，その存在とは物質的事物に他ならないとする「大きな傾向」がわれわれの内に感知され，神は欺瞞者ではないとされることから，最終的に「物体的事物は存在する」という結論が下されるのである[72]．

物質的事物の存在証明は以上のような仕方で展開されるのであるが，この証明の核心は，身体的操作能力の空間(延長)性と外的感覚能力の受動性の究明，それにそのような能力や事態に対する因果性の原理の適用である．これらの手続きだけが，知性作用のもとでは接近できない外在性の地平を開く．それだけが，前もって与えられてある，物質的事物の本質を延長とする規定を確証する．また，このような論証の手続きによって，デカルトにおいては，物質的事物の存在の実体性(独立性)が確信され，物質的事物の因果性についての実在論が主張されることになる．

このような物体の存在の独立性や物体のレベルでの因果性の実在論というのは，周知のように，デカルトの後，マルブランシュやバークレー，さらにはヒュームによって(少なくとも認識論上の議論において)受け入れられなくなった．マルブランシュやバークレーによれば，物質的事物の存続や何であれ因果的な効能はすべて神の直接的な作用に帰せられる．マルブランシュによれば，物質的事物の存在自体が，デカルトにおけるような自然的理性による論証によってではなしに，神の啓示によって知らされる．また物質的事物の連関のうちには因果的法則性は認められず，個々の事物は神の直接的な介入のための「機会」を提供するのみである．またヒュームにおいては，因果関係は知覚の間の「規則的関係（近接，継起，恒常的連接）」と同一視され，それが与える必然的性格は，物体の側ではなしに，心のなかで想像力によって習慣化された心理的機制に帰着させられる[73)]．物体の独立存在というものについても，それは知性はもちろん感覚によっても証明することのできないものであって，心が想像力の自然な傾向によって形成する想念に他ならないと考えられる．その想念あるいは信念は，想像力が事物についての中断する知覚を同じ事物についての中断しない知覚と取り違えることによって成立するとされる[74)]．

しかし，このように考えることは，デカルトにすれば，上述のような外的感覚能力が示す特質を考慮に入れないことである．第一に，マルブランシュやバークレーのように，外的因果的能力をすべて神の直接的作用に帰し，物質的事物の原因性や自存性を認めないというのは，外的感覚のレベルでの経験に固有な事態，すなわち身体能力の外在的空間性と強制的受動性とを無視し，その事態は延長を持つ能動的な物質的事物の存在に起因するとする「大きな傾向」を無効とすることであって，これは神を欺瞞者とすることに他ならない．注目すべきことに，デカルトは物質的事物の存在を結論づける直前で，感覚的事物の観念は物質的事物を原因として与えられるのではなく，「神が自らそれらの観念を直接に〔あるいは天使を介して間接的に〕私に送り込む」のだという可能性を考えている[75]．しかし，デカルトによれば，人間にはそのようなことを知る能力が与えられておらず，事実として与えられているのは上述のような性格の感覚経験と大きな傾向性なのであるから，そのように考えることは神の誠実性を否定することになるのである[76]．

第二に，ヒュームのように，物体の独立存在に対する信念や因果関係の必然的性格というものを想像力の所産とみなすのは，デカルトからすれば，想像力と身体能力や外的感覚との質的差異，すなわち，身体能力の外在的空間性や外的感覚経験における強制的受動性は想像力と違って精神の知性作用に帰属させることができないということを無視することである．実際に，ヒュームにおいては，感覚において与えられる知覚や印象はすべて，心に内在し消滅するものとして，その出所や存在様式は同じであると考えられる．そのため，感覚がわれわれに外的でわれわれと独立のものを含意する印象を与えるとは認められず，したがって感覚によってわれわれ自身と外的対象とを区別できるとは考えられない[77]．これに対してデカルトでは，想像力と感覚の質的な違い，特に身体的，外的感覚能力の特質が究明され，そこから，能動的原因性をもつものとしての外なる物質的事物の存在が確証される．このようにデカルトの物質的事物の存在証明においては，身体能力が含む外在的空間性と外的感覚能力の強制的受動性が核心となっており，これが物体的存在の実体性や因果性の実在性に対する否定的見地を退けることになっているのである．

以上のことから，デカルトにおいては，物質的事物の存在証明は神の存在の結果からの証明と構造的に類似したものであるということが了解できるように思われる．この二つの証明はいずれも，コギトの主観的地平からコギトにとって外在的な地平へと超出することを目的としている．また，いずれの証明でも，われわれの能力の有限性あるいは受動性の確認が，われわれの精神にとって外なる存在への超出を可能にしている．神の存在の結果からの証明においては，神の観念が表す内容（表現的実在性）はわれわれの知性能力に由来させることができないことが確認され，物質的事物の存在証明では身体的能力や外的感覚能力の特質が知性作用に帰属させることのできないものであることが確かめられる．そこで，そのようなわれわれの側での受動的事態に対して因果性の原理が適用され，そこからその事態の外なる原因として，形而上学的レベルにおいては神の存在が，また感覚的事物のレベルにおいては物体的存在が引き出されるのである．

このようにデカルトは，『省察』で，まずは，アリストテレス主義の経験論的認識論を排除するために，「欺く神」の想定にまでいきつく方法的懐疑の遂行によって，あらゆる感覚的事物や能力から独立の「我」の存在と本質とを立てるのであるが，ついで自分の自然学の基礎を築くために，このコギトの地平を二つのレベルで越え出ることになる．すなわち，デカルトは一方で，この主観的地平を越え出て，神の存在の形而上学的視点を設定し，そこから数学的観念による物質的事物の本質規定を正当化する．それとともに，他方で，感覚的能力の復権を根拠にして，コギトの外なる物質的事物の存在の確証に至るのである．

以上が，『省察』の本質的な筋道である．以上の事柄から，この章の初めに立てた問い，すなわち，デカルトはどのような意味で

「これらの六つの省察は私の自然学のすべての基礎を含む」といっているのか，という問いに対する答えが得られるであろう．最後に，デカルトが『哲学の原理』の仏訳版の序文として書いた仏訳者宛ての手紙から一節を引いて，この章を終えることにしよう．というのも，そこに『省察』と『哲学の原理』に共通の，デカルトの自然哲学の形而上学的基礎の構造がよく要約されていると思われるからである．

「こうして私は，すべてについて疑う人も，自分が疑っている間は自分は存在するということは疑いえないこと，また，このように，自己自身については疑いえないが，しかしその他のすべてについては疑うというように推理するところのものは，われわれがわれわれの身体といっているものではなくて，われわれの精神あるいはわれわれの思惟と呼んでいるものであること，これらのことを考えて，この思惟があるということ，すなわち存在するということを第一の原理として立てたのです．そしてここから私は，きわめて明らかに次のような原理を引き出しました．すなわち，この世界にあるすべてのものの作者であるところの神が存在するということ，そしてこの神は，すべての真理の源泉であるから，われわれの知性を，それがきわめて明晰判明に認知するところの事物についておこなう判断において誤りうるようなものとしてはけっして創造しなかったということ．これらが，非物質的事物すなわち形而上学的事物に関して私が用いる原理のすべてでありますが，そこから私はきわめて明らかに，物体的事物すなわち自然学的事物の原理を引き出しました．すなわち，長さ，幅，深さにおける延長をもった物体が存在し，これは様々な形を持ち，様々な仕方で運動するということ．以上が，そこから私が他の事物の真理を演繹する原理のすべてであります[78]」．

Ⅳ　デカルトの自然学と古典力学の形成

1　デカルト自然学の基本概念と自然法則

これまでの章ではデカルトにおける認識論の形成過程と自然学の形而上学的基礎づけを扱った．次に，デカルトがそれらの認識論と形而上学に基づいて構成した自然学の具体的内容に立ち入り，それが近代の物理学の形成に対してどのように貢献したかを検討することにしよう．デカルトの自然学が体系的に展開されているのは『哲学の原理』においてである．これは四部からなる．その第一部は「人間的認識の原理について」と題され，内容的に『省察』と重なり，『省察』と同様に，新しい自然学の構築のための形而上学的基礎づけという役割を担うものである．ただし，この第一部では，『省察』とは論述のスタイルが異なっていて，デカルトの形而上学のテーマが節ごとに論じられ，テーマによっては『省察』を補完する形になっている．デカルトの自然学の具体的内容が展開されるのはこのあと第二部以下においてである．そこでまず，「物質的事物の原理について」というタイトルの第二部で，自然学の基本的概念とその力学的基礎とでもいうべき内容が提示される．ついでより具体的に，第三部で天体論と宇宙生成論が，最後の第四部で地球の生成と地上の諸現象が論じられる.

デカルトの自然学に関する著作のなかで，近代における古典力学の形成ということとの関わりで最も重要なのは『哲学の原理』の第二部である．この第二部の内容がデカルト自身の自然学の基礎として機能するだけでなく，ニュートンにおける近代力学の形成のベースともなるのである．この第二部の前半部分でデカルトがまず第一に主張するのは，彼の自然学の支柱となる「物質即延長(空間)」のテーゼである．それは「物体の本性を構成している延長と空間の本性を構成している延長とは同一である[1]」というものである．デカルトによれば幾何学的空間(延長)そのものが物質の本質を構成するのであり，空間があるところには必ず物質があり，この二つは相即的なものなのである．ここで，このテーゼの背景に，第Ⅱ章で論じたように，永遠真理創造説があることを思い起こす必要がある．それによれば，われわれが知性によって想像する幾何学的空間そのものが神によって物理的自然と同じレベルに創造され，物質化されるのである．「神がそのように設定したのでなかったならば，空間は存在することはない」のである[2]．この説によって延長空間と物質とは，同じく被造物として同じ存在論的身分を持つことになり，同一化されるのである.

ただし，延長空間が物質と同一であるにしても，その同じものについて「物体」,「空間」,「場所」というように言葉が使い分けられるのは事実であり，この点については説明を要する．それについて，デカルトはまず，物体の延長を考えるときには延長を物体と一体のものとして個別的に把握しており，空間や場所を考えるときには，物体の特性をいったん捨象し，それの延長を一般的な意味において類的単一性のもとで捉えるという．また，空間と場所の違いについては，空間を問題にするときには，物体の延長の大きさや形に注目するのに対して，場所を問題にする時には，物体が外的諸物体との間で占める位置の方に着目するという[3)]．しかし，いずれにしても，「場所もしくは空間という名称は，その場所にあるといわれる物体と異なった何ものかを意味するのではない[4)]」のである．物体の延長と物体が占める場所あるいは空間とは，延長せる物体のどの側面に着目するかによって使い分けられるものの，同一のものであることには変わりはないのである．

さて，この「物質即延長」のテーゼからデカルトは，「真に不動の一点はこの宇宙には見出されない」のであり，「いかなるものにも，われわれの思惟によって決定される限りの場所でなけば，恒常的な場所というものはない[5)]」という帰結を引き出す．これは空間に関する徹底した相対的概念を表明するものである．これは空間(延長)を物質と同一化したことからの論理的帰結である．というのも，真に不動の一点というものを固定しようと思えば，ニュートンにおけるように，それ自身はあらゆる物質から独立で不動の「絶対空間(神の感官)」というものを措定しなければならないであろうが，それはデカルトにとっては，物質の存在しないところに空間があるという考えを排除する「物質即延長」のテーゼに根本的に抵触することであり，原理的に受け入れ難いことだからである．このテーゼによれば，空間あるいは場所は宇宙全体を構成する物質と相即的にしか理解されず，したがって絶対的な不動の空間あるいは一点というものは考えられないのである．また，デカルトはこの点でカントの「超越論的観念論」の方向にでることもできない．なぜなら，カントのように，ニュートンの絶対空間を認識論的に基礎づけるために，空間を人間一般に備わっているアプリオリな感性形式であって，それが経験の対象一般に対して必当然的に課せられると考えることは，デカルトにとっては，先述のように，人間の側の認識様式が神の被造物に他ならない物理的自然に必然的に妥当すると考えることであって，それは彼の永遠真理創造説の自然哲学に反することになるからである．いずれにしても，デカルトにとっては，空間あるいは場所というものは神によって創造された物質的事物と相即的に，それと存在論的に同じ身分のものとしてしか理解されないのである．

デカルトは，この空間についての物質と相即的な概念を「持続」あるいは「時間」の概念にも及ぼしている．実際にデカルトは，『哲学の原理』の第一部で持続(duratio)について，「それぞれの事物の持続とは，当の事物が存在し続けるかぎりにおいて，われわれがその事物を考えるところの単なる様態にすぎない[6]」という規定を与えている．また，時間(tempus)については「時間とよばれるものは，一般的な意味での持続に思惟様態以外の何ものも付け加えはしない[7]」といっている．このようにデカルトにとっては，空間(延長)や時間(持続)は物質と独立に理解されるものではなく，それと相即的にのみ把握されるものなのである．

デカルトはさらに，この「物質即延長」のテーゼから物理的自然の概念についていくつかの重要な帰結を引き出している．それは，第一に真空の否定であり，第二に物質の無限分割可能性である．第一の真空の否定はこのテーゼからの直接の帰結である．また第二の物質の無限分割可能性も，物質が空間と相即的に理解される限り，当然の帰結であり，これは不可分の原子の存在の否定を意味する．

デカルトの自然学は時折，17 世紀における原子論の復活の一環として位置づけられることがあるが，それは正確ではない．デカルトは真空と原子の存在をはっきり否定しているからである．ただし，後にみるように，デカルトは，宇宙の生成発展の結果，この宇宙に存在する物質は実際上は三種の基本的粒子から構成されることになったと考えており，その意味でデカルトの自然学は粒子論である．しかし，これも後に論述するように，デカルトは，光の本性については，ニュートンのように粒子論をとらず，波動説の原型というべきものを提示しており，その意味では彼の自然学は粒子論ではない．

このような物理的自然についての基本的概念に，同じく「物質即延長」説から引き出されたものとして，次の二つの重要な概念が付け加わる．その第一は，宇宙の無際限性の明確な主張である．デカルトは第二部の第 21 節で次のようにいう．「われわれは．世界すなわち物体的実体の宇宙が，その延長の限界をまったくもたないことを認識する．なぜならば，われわれは，どこにそういう限界を想定するにしても，常にそのかなたに無際限に延長せるなんらかの空間を，単に想像するばかりではなく，その空間が真に想像されうるものであること，すなわち実在的なものであることをも認識し，したがってまた，そういう空間のうちには，無際限に延長せる物体的実体が含まれていることをも認識するからである[8)]」．この概念によって「物質と延長との同一化」とは「宇宙と無際限な延長との同一化」に他ならないことが主張される．無限宇宙の概念はデカルトが初めて提示したものではない．これは，周知のように，デカルトより少し前に，ジョルダーノ・ブルーノによって打ち出されている．しかし，デカルトにおいては，後述するように，この無限宇宙の概念に初めて物理学的な根拠が与えられる．その物理学的根拠というのは，デカルトによって初めて設定された慣性の法則，すなわち等速直線運動としての慣性の概念である．この法則とともに，宇宙は等速直線運動を原理的に可能ならしめるものとして無際限でなければならないということになるのである．

第二は，天空の世界と地上の世界との等質化である．デカルトによれば，空間の延長性と物質の延長性は同一であり，同じ延長があらゆる物質の本質を構成するのであるから，「天空の物質と地上の物質とは同一のものである[9]」と考えられなければならない．この考えによって，ガリレオやデカルト以前まで支配的であった天空の世界と地上の世界とは本質的に性格を異にするという階層的な自然観が決定的に崩され，宇宙全体を等質のものと解する近代の自然観が確立されることになる．この点でのデカルトの役割は，これも後述するように，それまでの伝統に従ってなおも円運動を宇宙の秩序を構成する一様単純運動(慣性運動)とみなしたガリレオよりも重要である．デカルトにおいて初めて，宇宙は，そこでの基本運動が等速直線運動であり，どこまでも等質で無機的かつ無際限に拡がる世界であるとみなされることになったのである．

さて，「物質即延長説」に続くデカルト自然学の第二の根本的概念は，物体の運動の概念である．デカルトは運動をまず「位置変化」すなわち「場所的運動」とのみ規定する．この規定にあたってデカルトはわざわざ，「これ以外の運動は私には考えられないし，したがってまた私は，事物の自然のうちにこれ以外の運動を想定すべきであるとも思わない」と断っている[10]．これは，アリストテレスの自然学に由来する伝統的な運動の概念，すなわち，運動には実体の生成消滅としての変化以外に，性質変化と量的(嵩の)変化と位置変化とがあるという概念を排除することを意図したものである．デカルトによれば，自然学上の運動はすべて幾何学的に理解できる物体の空間上の位置変化に還元できるのであり，それ以外の運動を想定する必要はないのである．

ところで，この位置変化あるいは場所的運動としての運動とは，より具体的にどのようなことを意味するのであろうか．デカルトは『哲学の原理』第二部でまず，それを「ある物体が一つの場所から他の場所へ移りゆく作用」に他ならないという．しかしデカルトはそのあとすぐに，これは運動についての通常の意味であって，本来の意味では次のようにいわねばならないという．「一つの物質部分すなわち物体が，これに直接に隣接しており，かつ静止しているとみなされている物体の傍らから，他の物体の傍らへ移動することである」[11]．この，「直接に隣接している物体の傍らから，他の物体の傍らへ」ということにこだわる運動の第二の定義は何を意味するのであろうか．これこそが，基準点を正確に規定する文字通りの「本来の」運動の定義というのであろうか．しかし，前述の，「真に不動の一点はこの宇宙には見出されない」と主張する箇所では，われわれは地球の表面上のあるものの場所を天空のどこかに不動の一点を求めることによって決定する，とデカルトは述べている[12]．しかし，そのような天空上の一点というのはもちろん地上のものに直接に隣接しているものではない．この第二の意味の定義はしたがって，一貫して活用されているものではないのである．

そうすると，この第二の意味の運動の定義の役割を他のことに求めなければならない．その役割とは，これによって地動説を否定する法王庁の弾劾を理屈のうえで免れることであると思われる．実際に，この定義とデカルトが第三部で展開する「物質即延長説」と「渦動説」に基づく宇宙論とを組み合わせると，地球の運動を否定する議論を作りあげることができる．その議論とはこうである．まず，後述するデカルトの宇宙論によれば，地球は地球を取り巻く天の微細物質と一緒に回転していると考えられる．その場合は，地球は地球に直接に隣接している微細物質との関係では相対的に移動していないことになるから，この地球に対して上の運動の第二の意味の定義を適用すれば，地球は運動してはいないことになる．そこでデカルトは，「私はコペルニクスよりも注意深く，ティコよりも真実に地球の運動を否定する」と主張する[13)]．このようにしてデカルトは，巧妙にも，地動説を実際には認めながら，これを運動の第二の定義に訴えることによって理屈のうえで隠蔽しようとしたのである．

実際にデカルトは，この，地球の運動を巧妙に否定する箇所以外では，この運動の第二の定義を介入させてはいない．また，1633年のガリレオ裁判以前に執筆され，アリストテレスの自然学や伝統的な考えに対する大胆な批判が散見される『世界論』では，運動についての第二の定義は見られず，運動はただ「物体がある場所から他の場所へと移動し，その二つの場所の間にあるあらゆる空間を次々に占めるようにさせる」ものと定義されている[14)]．いずれにしても，デカルトでは，運動はわれわれの方が決定する基準点と相対的にのみ記述できる物体の位置変化と解される．このことから，「運動と静止とは，運動する物体の相異なる様態であるにすぎない[15)]」として，存在論的に同等の身分のものとみなされることになる．

さて，このようにデカルトは，物理的自然についての基本的な概念と運動の本性についての見解を提示したあとで，次に，運動の原因の考察へと進む．そこでデカルトが立てる一般原理はまず，「神は運動の普遍的な第一原因であること」，そして「神はできるかぎり恒常的で不変な(immutabilis)仕方で働く」というものである[16]．神が運動の普遍的な第一原因であるとは，デカルトの自然哲学の形而上学的基礎づけからして当然のテーゼであるが，それに加えてここでは神の「不変性」が前面に出てくる．第Ⅱ章で述べたように，デカルトの神は，論理法則や数学的真理も含めてなにものにも制約されることのない「(意志の)無差別性」を能力の中核とした存在である．しかし，このことは，神がいったん決定したことをどこまでも不変のまま保持するということと矛盾しない．デカルトはここで，この，被造の世界に対する神の作用の不変性に訴えて，神は自然に法則を付与すると同時に，それを不変に保持すると考え，第一に，宇宙における「運動量の保存の原理」を措定し，ついで，様々な特殊な運動の原因すなわち第二原因としての「自然法則(lex naturae)」を三つ提示する．これがデカルトの自然学の体系の具体的な支柱となる．

第一の自然法則は「いかなるものも……できるかぎり，常に同じ状態を持続し，外的原因によってでなければけっして変化しない[17]」ということである．第二の法則は「いかなる物質部分も，一つ一つ別々にみれば，けっして曲線に沿ってではなく，ただ直線に沿ってのみ運動し続けようとする傾向をもつ」ということである．デカルトはこの法則の根拠をまず，神はその作用の単純性と不変性のゆえに，物質の運動を，それが保存されるまさにその瞬間における状態を保存するだけであって，それより前にあった状態を保存するのではない，という点に求める．ところが，デカルトによれば，「運動しているものはすべて，いちいちの瞬間においては，いずれかの方向へ直線に沿って運動をし続けるように定められており，曲線に沿って運動するようにはけっして定められていないことは明らかである」．したがって，神が物体の運動の各瞬間において保存する運動とは直線運動に他ならないということになる[18]．第三の法則は，運動量の保存の原理に基づく二つの物体の間の衝突の法則である．これは衝突する二つの物体の速度と大きさに応じて七つの規則に分けられる．

これらの三つの自然法則のうち，第三の衝突法則はその定式の内容に関してはまったく不完全なものである．デカルトはここで完全な固体(弾性体)を扱っているが，第一の規則の，大きさと速度(の絶対値)が等しい二つの物体が衝突するという場合の定式のみが正しく，その他の場合は誤っている．このように定式化がまったく不完全であったことの理由として，一つには，デカルトがここで物体の運動と方向とを区別し，運動量をベクトル量としてではなく，スカラー量と考えたことがあげられる[19]．また，デカルトは，後の第V章で取り上げることになる独自の質量概念と静止力という奇妙な考えを持ち込み，一方の物体が他方の物体よりも大きくさえあれば，その物体は逆方向からきて衝突する他方のより小さい物体によって何の状態変化もこうむらないと考えた[20]．衝突一般の正しい定式化は，ホイヘンスあるいはニュートンをまたなければならないが，ただ，衝突問題を運動量の保存則を前提にして定式化し，それを正しい軌道にのせて，初めて公けにした功績はデカルトに帰せられる．衝突問題そのものは，デカルトが青年時代に自然学上で共同研究をおこない大きな影響を受けたベークマンによって取り組まれ，完全非弾性体については正しい解が得られていた．しかしベークマンはそれを彼の『日記』に書き記すだけで公表しなかったのである[21]．

この，不完全な定式化でしかなかった第三の自然法則に対して，初めの二つの自然法則は科学史上，画期的な意義をもつ．これは物理学史における転換点を記すものである．まず，第一の自然法則は，慣性運動の概念を提示するもので，しかもそれがこの地上の物理現象を含めて一般的に妥当するとするものである．これは，地上の物体の運動については必ず起動者としての外的物体がその原因としてなければならないとした，アリストテレス以来の伝統的な運動概念を崩すものである．しかし，これだけでは古典力学のいわゆる慣性法則とはならない．周知のように，ガリレオは地上の水平方向の運動についても慣性運動を認め，これと彼自身が定式化に成功した「自由落下の法則」とから投射体の運動が放物線を描くという正しい帰結を導きだした．またベークマンが，青年デカルトとの共同研究の時に，真空における慣性運動の概念をはっきり示しており，デカルトもそれをうけて物体の自由落下の問題に彼と取り組んでいるのである[22]．

しかし，ガリレオは慣性法則の正確な把握には達していない．ガリレオの慣性運動とは，あくまで地表面上での水平方向の運動であって等速直線運動ではないのである．ガリレオは太陽黒点の観測や物体の自由落下の問題といった個別的な現象の解明で画期的な成果をあげ，近代科学の形成に大きく貢献したのであるが，彼の自然観そのものはなおも伝統的な枠組みを脱したものではなかった．すでに触れたように，ガリレオは，古代以来の伝統的自然観に従って，この世界は完全な仕方で配置された「秩序」を体現するものとみなし，そのような秩序を構成する基本運動として永遠で一様な円運動があると考えていた．この永遠で一様な円運動が，運動の持続のために外的原因を必要としない慣性運動に他ならない．水平方向の運動が慣性運動であるというのは，それは地球の球面上の運動すなわち円運動であって，そうだから慣性運動となるというのである．ガリレオはまた，このような，円運動を一様基本運動とする考えに基づいた秩序の自然観を保持していたために，直線慣性運動の概念を根拠とした無限宇宙の考えを明確に提示するに至ってはいないのである[23)]．また，ベークマンについていえば，彼は慣性運動の概念を明確に提示しながらも，それが直線運動なのか円運動なのかははっきりと決めてはいない[24)]．

この意味で，デカルトの第二の自然法則は決定的な意味をもつ．これは，物体自身の各瞬間における基本的な運動は直線運動であるとはっきり表明し，古代以来の円運動を単純基本運動とする先入見をはっきりと打ち破るものだからである．しかも，第一，第二の自然法則が一つとなることによって古典力学の慣性法則が初めて正しく設定されることになる．

この点については，デカルトは慣性の概念と直線運動の概念とを二つの自然法則として別々に表わしているが，ニュートン力学ではこの二つは運動の第一法則として一つに結合されており，その意味でデカルトはニュートン力学の慣性法則の正確な定式化には到っていないという評価がなされることがある[25)]．しかし，これに対しては，デカルトはホイヘンス宛の書簡で，この二つの概念を次のように一つのものとして表現しているということを指摘しなければならない．

「運動の本性というのは，物体はいったん運動を始めれば，そのことだけで，その物体が，何らかの他の原因によって運動を止められるか方向を変えられるまで，常に同じ速度でかつ同じ直線上を運動し続けるのに十分である，というものである[26]」．この事実によって，後にニュートンによって力学の運動の第一法則として措定され，古典力学の第一の基本法則となる慣性法則は，デカルトによって初めて正しく定式化されたとはっきりいうことができる．

さらに，デカルトは，直線慣性運動を，瞬間においてその本性全体を現実化する最も単純な運動とみなしている．デカルトによれば，「直線運動を理解するには，一つの物体が現実にある方向に運動する活動状態にあるのを考えれば十分であって，そのことは，その物体が運動する間に指定することのできる各瞬間に見出されることである[27]」．これは，物体の直線運動の本性は瞬間における一方向への運動として現実化されており，その本性の理解はそのことの確認に尽きているということを意味する．これに加えてデカルトは，円運動やその他の種類の運動については次のようにいう．「〔その種の運動を理解するには〕少なくとも，その運動のうちの二つの瞬間，あるいはむしろその運動の二つの部分と，その二つの部分の間の関係を考察しなければならない[28]」．言い換えれば，直線運動以外のより複雑な運動の場合には，その本性を理解するには，その運動の二つ以上の瞬間において継起する状態の間の関係を考察しなければならないというのである．

このような考えに従ってデカルトは，『世界論』と『哲学の原理』で物体の円運動の分析を手がける．その分析でデカルトはまず，円運動を二つの異なる種類の直線運動に分解する．それは，円周上の一点における接線方向の直線運動と，その同じ円周上の点を通る法線方向の運動である．デカルトは前者の直線運動を物体に固有の慣性運動とみなし，後者の直線運動を後に遠心力と呼ばれることになる原因によって加速される運動と解する．そこでデカルトは以下のような図(図③の右図参照．これは投石器のなかに石を入れて振り回すというものである)に従って，物体がそれによって中心から法線方向に遠ざかろうとする遠心力は，物体が位置する円周上の点(B，F)と，それらの点を通過する法線が，運動の起点である円周上の点Aで引かれた接線と交差する点(C，G)との間の距離(すなわち，線分 BC，FG)によって測られると考える．というのも，デカルトは，もし何も，物体が点Bにおいて遠心力によって中心から法線方向に遠ざかろうとするのを妨げるものがなければ，その遠心力は物体を接線上の点Cにまで運び，物体が点Fにある場合には点Gにまで運ぶと考えるからである[29)]．

デカルトはこの図形的分析において，円運動の加速度ないし遠心力の大きさについては，遠心力は「投石器を早く振り回せば振り回すほど，それだけ強くなる」と述べるにとどまり，それの定量的定式化に至っていない．しかし，円運動をこのように直線慣性運動と直線加速度運動という二種類の異なる性質の直線運動に分解し，それによって合成されたものとする考えは，円運動の力学的理解のために画期的なものである．また実際に，以下の第4節でのべるように，このデカルトによる円運動の分析が，ニュートンにおける円運動の加速度の定式化の源泉となり，その力学形成の一つのベースとなったのである．

このようにして，デカルトにとっては，円運動はもはや，宇宙の

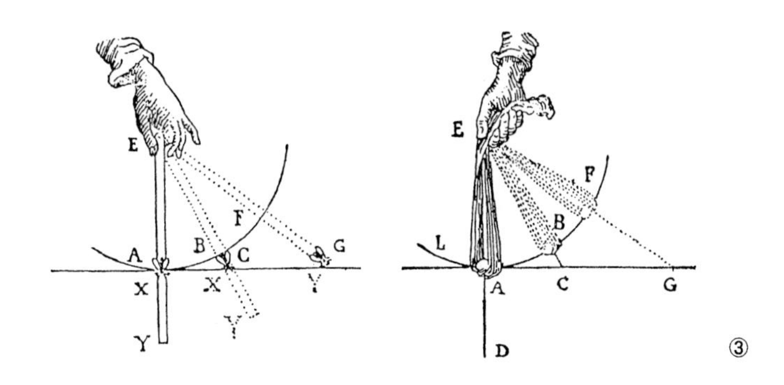

秩序を構成する単純で一様な（慣性）運動ではなくなる．それは，二つの異なる種類の直線運動から合成されるものであり，その構成要素を数学的手続きによって解析することのできる運動である．ここには，後に改めて取り上げるように，運動を時間と空間との関係において関数的あるいは解析的に解明しようという手法の発生を読み取ることができる．デカルトはさらに，この解析的手法を，管に入っている液体の噴出の問題に適用し，この場合には管から出る液体が描く軌道の数学的解明に成功している（この問題はこの第Ⅳ章の最後で取り上げる）．

以上が，デカルトの自然学の骨格となっている基本的概念と自然法則である．これらの事柄を提示したのちに，デカルトは次のように数学的物理学（自然学）の推進を宣言して『哲学の原理』の第二部を終える．「私は自然学における原理として，幾何学あるいは抽象数学におけるのとは違った原理を容認もせず要請もしない．なぜなら，このようなやり方で，あらゆる自然現象は説明されるし，それらについての確かな証明が与えられることもできるからである[30]」．

これらの基本的概念や法則はしかし，あくまでデカルトの自然学の原理的部分に他ならない．デカルトはこのあと『哲学の原理』の第三部と第四部とで，これらの基本的概念や法則に基づいて宇宙の生成や構造から地球上のあらゆる自然現象にわたる説明を具体的に展開する．この部分は第一部や第二部と異なり，これまで研究対象として取り上げられることが少なかった部分であるが，『哲学の原理』全体のほとんど四分の三を占めるもので，その意味でデカルトが執筆に最も意を注いだところである．この部分の論述の大筋とはおよそ次のようなことである．

デカルトはまず「可視的世界について」と題する第三部の初めの部分で，天界の一般的構造について述べる．ここでデカルトは，実際には地動説に立ちながらも，前述のように，運動についての相対的定義を根拠にし，地球の運動を否定するという見解を示している．この部分の論述は，おおむねデカルトが当時知りえた天文学上の事実の列挙なのであるが，いくつか彼自身の見解として評価できるものを含んでいる．その第一は，円運動を一様単純(慣性)運動とする考えを否定したことを受けて，天や惑星の運動は他の自然的事物と同様，完全な円を描くのではない，と明確に主張していることである[31]．第二にデカルトは，円運動をおこなわない彗星について，これを天体と認め，土星より遠方に位置づけている．この点は，円運動をなおも宇宙の秩序を構成する基本運動と見なし，そのために彗星を月下の，すなわち月より下層の大気現象と見なしたガリレオと比べて明らかな進歩である．

このような天文現象の一般的構造についての記述のあとデカルトは，宇宙の生成についての因果的考察に踏み込み，そこで「渦動説」と呼ばれる独自の宇宙論上の一大仮説を提示する．これに従ってデカルトは恒星の形成や光の原因，さらには太陽系や惑星や彗星の形成を論じる．そして最後に「地球について」と題される第四部で，このような宇宙論に立脚して地球の生成と地上の諸現象についての因果的説明を展開する．このような遠大な宇宙論の展開を支えている基本的な視座とは，自然現象の本質を理解するためには，単に自然の現象の記述にとどまるのではなくて，宇宙の生成や進化の因果的説明を与える宇宙論から始めて，そこから地上の諸現象の解明を目的とする自然学に至るのでなければならないという考えである．ここに，宇宙論が地上の諸現象についての物理学に先行しなければならないとする，デカルトの自然哲学の根本的見地が鮮明に打ち出される．デカルトによれば，地上の現象の十全な解明は，宇宙の生成と物質構造についての理論をもって初めて可能となるのである．この，デカルトの宇宙論的自然学という側面については，デカルトの自然学の限界と問題を検討する第Ⅴ章で改めて詳しくとりあげることにしよう．本章では，デカルト自然学の以上の内容を踏まえ，デカルトの自然学が近代の物理学の形成に対して果たした貢献をさらにたちいって論じることにしたい．

2　デカルトの科学方法論

デカルトの自然哲学と自然学を正当に評価するためには，デカルトが彼の科学探究において採用した科学方法論がどのようなものであったのかということを見定めておく必要がある．デカルトにとっては，自然学の体系構成のための第一の段階は，第Ⅲ章で述べたことから分かるように，われわれのうちなる数学的観念を素材として自然学上の理論仮説を作り上げることである．そのためにデカルトは，われわれが知性的に明晰判明に理解することはすべて実際に物質的に創造しうる永遠真理創造説の神に依拠する．第Ⅱ章ですでに言及したように，デカルトは『世界論』で，その自然学の原理としての法則の設定にあたって次のように宣言する．「私が説明した三つの法則〔自然法則〕の他には，永遠真理から間違いなく帰結するもの以外の法則を想定しようとは思わない．それらの永遠真理に数学者たちは彼らの最も確実で明証的な論証を基礎づけるのを習わしとしたのであり……その真理の認識はわれわれの魂に非常に本性的(生得的)なものなので，われわれがそれを判明に認識するときには，それを間違いないものと判断しないわけにいかないほどなのである[32]」．

これと同様のことが『哲学の原理』第四部の末尾で，より方法論的に述べられている．その箇所はデカルトが自然学の構成について，方法論的反省を加える部分であり，そのなかの「われわれはどのようにして感覚されない粒子の形や運動を認識するか」と題する節の前半で，次のように述べられているのである(この部分は，仏訳の方が注目すべき補説を含み，より明解に述べられているので，仏訳に従う．この部分はデカルト自身がかなり手を入れた箇所と見なされており，デカルトの考えが反映されていると受け止めて差し支えないからである)．「私はまず第一に，物質的事物に関するものでわれわれの知性のうちに存しうるすべての明晰判明な概念を一般的に考察した〔ラテン語原文では，「その認識が生まれつきわれわれの精神にそなわっている(mentibus nostris a natura indita)，最も単純で最もよく知られた原理から出発して」とある〕．そこで，われわれが形と大きさと運動について持っている概念と，これらの三つのものを相互に様々な仕方で変化させうる規則——その規則とは幾何学の原理と機械学の原理なのであるが——以外に何も見出さなかったので，必然的に，人間が自然について持ちうるあらゆる認識はそのことだけから引き出されるのでなければならないと判断した」[33]．このようにデカルトによれば，自然法則と物質的事物の本質に関する理論的概念の構成という手続きは，知性の擁する明晰判明な概念に依拠した作業の結果なのである．

この『哲学の原理』の末尾の節で，デカルトはさらに，感覚されない物体についての理論を展開するうえで従った方法論を説明している．それによれば，上述のようにして物質的事物の本質概念と自然法則とを設定したあとの次の手続きとは，単に小さいというだけで感覚されない様々な物体の形と大きさと運動の間に見出されうるあらゆる相違を検討するということであり，ついで，それらの感覚されない物体の様々な集合からどのような感覚可能な結果が産出されうるかを考察するということである．そこでデカルトは，感覚可能な物体のうちにこれに類似した結果が認められるときには，それらの感覚可能な物体は感覚されない物体の集合の結果として産出されたとみなしうるという．とくにその場合，そのような結果を産出する原因を自然全体において他に見出すのは不可能と思われるとき，「その結果は間違いなくそのような感覚されない物体によって産出された」[34]と考えうるという．このようにデカルトは，まず感覚されない微小物体を構成する要素を知性の側から設定し，それのある集合を原因と見なして感覚される物体を因果的に説明できるような理論を求める．そして，その理論を除いて他に説明方式を見出しえないと思われる場合に，そのような感覚されない要素の集合が実際に感覚的事物の原因であると判断してよい，と考える．

またデカルトはここで，感覚されない自然の微小物体(粒子)の構造を推定するのに，機械(人工物)を構成している機構の理解，あるいはそれとのアナロジーに訴えることが有効であると指摘する．というのも，デカルトによれば，機械を構成している機構は感覚知覚可能であるのに対して，自然的事物を結果として引き起こす機構は感覚されないという点を除けば，機械と自然の物体との間には何の違いもなく，「機械学の規則はすべて自然学に属するのであって，人為的なものはすべて自然的でもある[35]」からである．そこで，ちょうど機械に習熟している職人が機械の眼にみえる部分から機械の眼にみえない他の部分をすべて推測するように，「自然の物体の感覚可能な結果や部分から，その物体の原因や感覚されない微小部分がどのようなものであるか[36]」を推論しようするのが自然探究において極めて有効なのである．デカルトにおいてこのように，機械をモデルとして，物質的事物の感覚されない部分の構造を探究しようとすることが有効とされるのは，もちろん，デカルトが物理的自然を，機械と同質の，幾何学的延長と力学的原理からなるものとみなしているからである．

さて，以上のデカルトの科学方法論は，まず数学的知性に依拠し，機械のメカニズムをモデルとしながら物質的事物の基本的概念や自然法則を理論的に構成し，そこから自然現象一般を因果的に説明しようというものであって，その性格は演繹的なものである．しかしデカルトの方法論はこのような演繹的手法に尽きるのではない．デカルトは他方で，物理学の体系構成における経験ないし実験の役割も明らかにしている．この理論と経験との結合という科学方法論が，デカルトの自然学の物理実在論をより現実的で意味のあるものにしている．デカルトの自然学はしばしば概念的構想としてのみ受け止められ，その方法論は単に演繹的なものとのみ解されることが多いが，それは一面的である．前の章で強調したように，デカルトの自然哲学は物質的事物の存在証明を不可欠とするものであり，その証明は知性にとって外在的な感覚経験の特質に訴えてなされる．科学方法論の枠組みにおいてもデカルトは，知性に依拠した理論構成の面のみならず，経験の役割をも明らかにしている．『方法序説』と『哲学の原理』で展開されるものがそれである．

まず第一にデカルトは，『方法序説』の第六部で，われわれが科学探究上，もろもろの第一原因（自然法則や物質的事物の原理）から演繹できる最も共通的で最も単純な事物からより特殊な事物へと下降しようとするときには，ただ経験にのみ訴えなければならないと明言する．というのも，デカルトによれば，「人間精神にとっては，地上にある物体の形相すなわち種を，もし神がそこに置くことを意志すればありえたであろう無限の他の物質種から区別することは，……もしもわれわれが〔順序を逆にして〕結果の方を先に見てそれから原因に及ぶようにし，多くの特殊な実験〔経験〕を用いるようにするのでなければ，不可能である」からである[37]．神の無限能力に言及しながら実験の重要性を強調した，これと同様の議論が『哲学の原理』第三部の「すべての現象を説明するために，ここで私が想定する原理はどのようなものか」という節にある．そこでデカルトは次のようにいう．「神はそれら〔特殊な事柄〕を無数の異なる仕方で調整することができたのであり，そのうちのいったいどの仕方を選んだかは，〔仏訳：「推論の力ではなく」〕ただ経験のみが教える」[38].

デカルトはしたがって，自然学の一般的な法則や基本概念は知性のうちの観念から構成されるものの，そこから感覚現象を直接的に対象とする特殊な法則を引き出すには無数の可能性があり，そのために，一般的な法則から特殊な法則へと移行するには，その間に様々な仮説を想定するほかないと認めているのである．そこでデカルトは，その段階では様々な可能性のなかから一つの妥当な仮説を見出すのは理性の推論によっては不可能であり，それはただ経験に訴えることによってのみ可能であるというのである．すなわちデカルトは，経験ないし実験に対して，まず，一般法則から特殊な法則を引き出す場合の様々な可能性のなかから一つの仮説を選択するための発見的，指導的価値を認めるのである．

しかし，この選択された仮説が単に役に立つばかりではなく，また真であるためには，その選択を決定する実験的手続きは，もう一つの実験的手続き，すなわち，その仮説から帰結されることがすべて確かに感覚現象全体と合致するということを確証する手続きによって補完されなければならない．そのためにデカルトは，『方法序説』においては，上で引用した箇所のあとすぐ，(実験によって結果と原因のあいだの道筋をたてたあと)引き続き，それまで自分の感覚に現れたあらゆる対象を再び検討し，すでに見出した原理によって容易に説明のできないものは何もないと確認した，と付け加えるのである．また『哲学の原理』においては，上で引用した節がある部分で一度ならず，選択された仮説から帰結することがすべて経験と一致するということを確かめなければならないと強調する．様々な可能な仮説からどれを想定するかはわれわれの自由であるが，それは「そこから帰結することがすべて経験と合致するかぎり[40]」のことなのである.

さらにデカルトは,『哲学の原理』のこの箇所で,理論仮説の検証ということに関して重要な考えを述べている.それは,より一般的な事柄の原因を仮説的に決定して,そこからより特殊な感覚経験上の事柄を説明しようとするとき,そうすることで「すでに考慮に入れていたことばかりではなく,これまで考えもしなかった他のすべてのこともまた,当の原因から説明されることに気付くとき,それらの原因が正しく決定されていたことを知る[41]」ということである.言い換えると,より一般的な事柄の原因としてある仮説を立てる場合に,そこから既知のことからだけでなく,それまで未知であって,しかもその仮説から新たに説明できることがらが発見されるならば,それは,その仮説設定が正しいということの「極めて有力な証拠[42]」となるというのである.そこで,そのようにして演繹されることが,すべての自然現象と正確に合致するならば,そのような事物の原因が真でないなどということはほとんどありえない,と考えられるのである[43].このようにデカルトは,理論仮説の設定から出発する場合に,その仮説から未知の現象を予測し発見するということがその仮説の確証にとくに有力に働くという点を強調しているのである.

以上の点に加えて,デカルトはなおも実験が仮説の選択に際して果たす重要な役割について指摘している.それは,いわゆる「決定的実験」というべきものの探究が必要であるということである.上述のように,デカルトによれば,一般的で単純な原理から特殊な結果を演繹的に説明しようとすると,そこで複数の選択肢が想定され,そのうちのどれを選ぶべきかということは実験によってしか決定できない．しかしその選択の仕方についてデカルトは，『方法序説』第六部でさらに次のようにいう．「最大の困難は，それらの多くの仕方のうちのどれにおいて，その特殊な結果が原理に依存しているかを見出すこと」なのであるが，そこでその困難を解決する方策としては，「その説明の一つの仕方をとるべきだとする場合と，他の仕方を取るべきだとする場合とでは，それが生み出す事象が同じではないような〔それぞれ違った結果を生み出すような〕，何らかの実験をさらに探すこと」以外にない[44]．言い換えると，デカルトはここで，異なる可能性の間である仮説を決定的な仕方で選択するためには，その仮説からの帰結を確証し，同時に他の仮説からの帰結を反証するような決定的な実験を探究しなければならないといっているのである．こうしてデカルトは，一般的な法則や原理から出発して特殊な現象を説明しようとする場合，それを媒介する理論仮説の選択が必要であり，その選択は経験に訴えることによってのみ決定できるということ，とりわけそれは，選択された仮説から未知の現象が予測され発見されたり，ある決定的実験が見出されることによって正当化されるということをよく理解していたのである．

最後にデカルトは，このような経験の役割についての自覚的な方法論に従って，理論的原理による演繹と実験による検証との性格の違いについてもはっきりと指摘している．というのも，デカルトは，同じ『方法序説』の第六部で，次のように述べているからである．「実験がそれらの結果の大部分を極めて確実なものにしているのであり，それらの結果が演繹される原因の方は，それらの結果を証明するよりは説明する役をしているのである．むしろまったく反対に原因こそ結果によって証明されるのである[45]」．このようにデカルトは，結果をその原因から演繹する手続きを「説明」と規定し，これに対して実験の方はその検証的，反証的性格から「証明」とみなす．デカルトによれば，自然学における科学方法論は，この二つの，逆方向の手続きを軸とするものでなければならないのである．以上のような，デカルトの自然学における方法論は，物理実在論の立場に立った理論物理学の科学方法論を構成するための主要な素材を提供するものと評価できる．

以上の事柄から，デカルトが物理学の体系構成における経験あるいは実験の役割をけっして軽視してはいないということが了解されるであろう．デカルトによれば，一般原理や自然法則から仮説的に設定されざるをえない理論の真偽の判定は経験あるいは実験に訴える他はないのである．このような経験ないし実験の重要性の認識はもちろん，ベーコンに発する帰納主義やその後の実証主義や現象主義の場合と同じではない．デカルトの自然学が目指すのは自然現象に関する事実の累積や記述ではなく，自然現象全体の因果的説明である．したがって，その科学方法論において第一の軸となるのは，(神が与えた)自然現象の因果的産出のメカニズムについての演繹的手法による理論構成である．そのことをデカルトは『哲学の原理』第一部の「被造物については目的原因ではなく作出原因を検討すべきである」という節で次のようにいう．「神をあらゆる事物の作出原因(causa efficiens rerum omnium)と考え，われわれの感覚に現れるもろもろの神の結果について，……神の属性からいったい何を帰結すべきであると，神がわれわれに付与した自然の光は明示しているかをみよう[46]」．このことの意味は『哲学の原理』の仏訳を参照して言い直せば次のようなことである．まず，神を万物の作者と考え，神がわれわれに与えた理性の推論能力によって，「感覚を介してわれわれが感知することがどのようにして産出されえたかということを見出すように努める」こと，ついでわれわれが知る神の属性(神の全能と誠実性)に訴えて，「われわれが事物の本性に属すると明晰判明に感知することは，真であるという完全性を持つと確信する」こと[47]．言い換えれば，デカルトにとって大切なのは，感覚現象の作出原因の探究によって神がそれらの現象を産出する因果過程を理解しようとすることであり，そうすることによって現象の真の本性を知ろうとすることである．その場合，われわれのうちなる数学的観念に依拠して物質的事物の作出原因を探ろうとすることは，われわれが明晰判明に認識することはすべて神によって自然のうちに物質的に実現されうるという考えによって正当化されるのである．

デカルトの自然学は，自然現象や宇宙の構造をそれの因果的生成過程を解明することによって説明しようとするものである．そこで当然，直接的に感覚可能な領域を越えて，観察できない粒子や因果的過程を想定する理論仮説を立てなければならない．しかし，デカルトによれば，このような自然現象の因果的説明を追求する立場(物理実在論)による方が，現象を現れるままに記述することで満足する立場(現象主義)によるよりも現象の本質がよりよく理解できるのである．このことをデカルトは，仮説設定の必要性を述べた『哲学の原理』の一節で次のようにいっている．「もしもわれわれが，はなはだ単純で認識しやすいいくつかの原理——もろもろの星や地球，さらにはこの可視的世界に見出されるものすべてが，いわば種子から生じるように，そこから生じえたと証明できるところの原理——を考案できれば，……そういうやりかたによってわれわれは，それらのものが現にどのようなものであるかを単に記述する場合よりもはるかによく，それらの事物の本性を示しうるであろう[48]」．そこでデカルトは，これらの少数の仮説原理だけから，「それらをいわば原因として，この世界に現れるすべての結果を先に提示した自然法則に従って生じさせる」ことを試みるのである[49]．このような物理現象の作出原因すなわち因果的メカニズムの探究がデカルトを宇宙論的物理学の構成へと向かわせたのである．

3　アリストテレス自然学の批判

以上が，デカルトの著作からとりだすことのできるデカルト自然学の本質的な要素と科学方法論である．次に，デカルトの自然学が近代の物理学の形成において実際にどのような役割を果たしたのかについてより具体的に検討することにしよう．

デカルトの自然学が近代科学の確立に対してもたらした第一の貢献はアリストテレスの自然哲学の根本的で全体的な解体である．先の章で確認したように，デカルトの自然哲学の主眼は，アリストテレスの存在論と認識論とを排除して新しい数学的自然学を構築することにあった．しかし，デカルトの自然哲学は，そのようなアリストテレスの自然哲学の純粋に哲学的な批判にとどまるものではない．デカルトはとりわけ『世界論』において――この時にはまだガリレオ裁判が起こっていなかったために――それまで支配的であったアリストテレスの自然哲学を明白に批判し，その自然学の基本的概念を，近代の物理学の形成を切り開くことになる彼自身の自然学の概念で置き換える．

第一にデカルトは，『世界論』の第七章で，アリストテレスによる運動の定義に直接言及して，その意味が不明瞭で解釈しえないものとして一蹴している．デカルト自身が引用しているアリストテレスの定義とは，「運動とは可能態にあるものの，可能態にあるかぎりでの現実態である(Motus est actus entis in potentia, prout in potentia est.)」というものである．この定義をデカルトはフランス語に置き直してもいっこうに明瞭にならないものとして退けるのである[50]．このアリストテレスの運動の定義に対してデカルトは，本章の第1節で取り上げたような定義にとってかえる．それは様々な種類の運動変化を数学的に表現可能な「場所的変化(位置変化)」に還元するものである．そこでデカルトは自分の運動の定義の革新的な性格を十分に意識している．実際にデカルトは，アリストテレスが彼の範疇(カテゴリー)に従って提示した様々な種類の運動(形相への運動〔実体の生成〕，熱への運動〔性質変化〕，量への運動〔量的変化〕)に言及しながら次のようにいう．「私はといえば，幾何学者の描く線よりも容易に理解できる運動のほかには何一つ運動を知らない．その運動とは，物体が一つの場所から他の場所へと移動し，その二つの場所のあいだの空間全体を次々に占めるようにさせる運動のことである[51]」．

この点については，アリストテレスは，厳密には，三つの文字通りの運動変化(すなわち，場所的変化，性質変化，量的変化)のうちで，場所的変化を第一義的に考えていたということを忘れてはならない[52]．アリストテレスの自然学は単に「性質の自然学」であったのではない．しかし，アリストテレスの自然哲学は，位置変化に関する近代的な意味での自律した科学の形成を可能にするものではなかった．それには二つの理由がある．

第一に，アリストテレスによれば，運動というものは，まったく異質で相互に還元不可能なカテゴリー(性質，量，位置)のもとで把握される運動のほかにはなく，性質や量による運動をこれとはカテゴリーの異なる位置の運動に帰着させることはできない．したがって，運動一般を位置変化としての運動の概念によって画一的に記述することはできないのである．第二に，アリストテレスの自然哲学によると，運動というのは実体としての事物を離れてあるものではなく，したがってそれは実体を規定する内的本性を捨象しては理解できない[53]．また，位置変化としての運動も，天体の円運動を除けば，自然の秩序に従って固定されてある相対立する場所(始点と終点，termini)の間でのみ起こるものであり，これはしたがって宇宙の秩序とそれに対する物体の方向性から独立には理解されえない．言い換えれば，この自然哲学に従えば，位置運動を，物体の内的本性や宇宙の秩序と無関係にただ時間と空間との相関関係として把握することはできないのである．このことから，アリストテレスにおいては「運動の運動」すなわち「加速度」の概念はありえないということになる[54]．位置運動をそれだけで時間と空間との関係においてのみ捉えることは，アリストテレスにとっては，物体においてまさしく自然学的なものを捨象することになるのである．このようなわけで，アリストテレスにおいては，位置運動についての自律的な学問としての数学的自然学というものは原理的にありえないのである．

第二に，デカルトによる慣性概念の設定は運動の学問としての自然学の決定的な変換をもたらす．デカルトは『世界論』で彼の第一の自然法則(規則)すなわち慣性概念を措定した後，「哲学者たちはこの規則から運動を除外したが，しかし運動こそは私が最もはっきりとこの規則のうちに含ませたいと思うことがらなのである[55]」と明言する．この新しい運動概念によってデカルトはアリストテレスの運動概念，特に彼の運動の因果律すなわち「運動するものはすべて他のあるものによって運動する(Omne quod movetur ab alio movetur)」という原理を排除することになる．このことは同時に，運動の定義から，物体の可能態(潜勢態)という概念と，可能態にある物体を現実態へと突き動かす外的起動者という概念とを取り去るということを意味する．デカルトによって，運動は，運動する物体の位置変化において現実的に与えられてあるものとして理解されることになるのである．このことをデカルトは『哲学の原理』で次のように表明している.「私は，運動とは移動することであって，移動させる力もしくは作用であるとはいわない．それは，運動が常に運動体〔動かされるもの〕のなかにあって，動かすもののなかにはないということを示すためである[56]」．このようにしてデカルトは，アリストテレスの自然学以来の，物体の位置変化は物体の内的本性と不可分な関係にあり，物体の運動は起動者に依存するという運動概念を解体したのである．このことによって，物体の運動を，宇宙の秩序や物体の目的原因ないし形相原因というものに関わらせることなく，その現実態において探究することが可能になった．こうして，物体の運動を物体の瞬間における様態を解析することによって解明しようという見地が設定されることになった．それが，デカルトが円運動の分析において示したことであり，これがケプラーに至るまで支配した一様単純運動としての円運動という神話を破壊することになったのである．

4　ニュートンにおける力学形成の土台
──『哲学の原理』第二部をめぐって──

さて，デカルトの自然学の近代物理学の形成に対する貢献は，もちろんその哲学的・概念的レベルにおける寄与に限られるものではない．それは実際に，ニュートンにおける古典力学の構築の基礎を供給しているのである．この点は長い間，確かめられることがなかった．デカルトの自然学に対する長年にわたる低い評価は，一つにはヴォルテールの断定に由来する．ヴォルテールは，デカルトをニュートンと対比して，次のようにこきおろした．「デカルトのすべての想像上の構築物には，ニュートンがそのうえに構築したような礎石は何一つない．……ニュートンは彼に従ったことはけっしてなく，彼のことを説明したことも，論駁しようとしたことさえない．彼はデカルトをほとんど知らなかったのである[57)]」．しかし，われわれがデカルトの著作から引き出したことからすると，単に，デカルトからニュートンにかけての力学上の連続的発展を認めうるのみならず，デカルトの自然学がニュートンにおける力学の形成に実際に歴史的に貢献したことを確認できる．ニュートンの手稿に基づく最近の歴史的・文献学的研究が，ヴォルテールの断定がまったく正しくないことを確かに証明しているのである．その研究とは，イギリスの科学史家 J. ヘリヴェルが若いニュートンの手稿を校訂して公刊したものである．この研究に拠りつつ，デカルトがたしかに，ニュートンにおける力学の形成のためのいくつかの礎石をすえたということを確認しておくことにしよう．われわれの関心を特に引きつける資料とは,『雑記帳(Waste Book)』と名付けられた手稿と,1665年と1669年との間にラテン語で書かれた手稿である.

第一に,この『雑記帳』においてニュートンの力学研究の最初の試みが見られる.この手稿でニュートンはまず,いくつかの公理を提示して,それによって運動の法則を措定することを試みている.その公理の初めの二つが慣性の法則に関わるものである.そこで彼は,後に『プリンキピア』において与える定式とは違い,デカルトの『プリンキピア』(『哲学の原理』)と同様に,慣性の法則を二つの公理に分けて提示している.すなわち,第一の公理は慣性概念を,第二の公理は一様運動を直線運動とするものである.その二つの公理の内容はまさしくデカルトの初めの二つの自然法則に対応している[58].さらにニュートンは,衝突問題の分析に先立って掲げている公理100で,慣性の原理を改めて次のように提示している.「いかなるものも,何らかの外的原因によって妨げられないかぎり,本性的にそれが置かれている状態を固持しようとする.……物体はいったん動かされると,常に,その運動の,同じ速度,同じ量,同じ方向を固持する(persevere)であろう[59]」.

ここで注目すべきことは,この公理の前半の部分が,ヘリヴェルも指摘しているように,デカルトの『哲学の原理』の第二部の第37節のタイトルの前半部分,あるいはそのなかの一文節の逐語的な訳であるということである.デカルトはそこで,「いかなるものも,できるかぎり,常に,同じ状態を固持する(perseveret)」,あるいは「いかなるものも,できるかぎり,常に,同じ状態を持続し,外的原因によってでなければけっして変化しない[60]」と言い表しているのである.また,この同じ公理の後半部分についていえば,これは第37節のタイトルの後半部分，および，第三の自然法則すなわち衝突法則に先立つ第43節のなかの一文節に対応する．そこではまず，第37節のタイトルで，「いったん動かされたものは常に運動し続けようとする」といわれ，第43節では，「いかなるものも，できるかぎり，それが置かれている状態を維持しようという傾向を持つ」といわれた後，「運動するものは，その運動，すなわち，同じ速度を持ち，同じ方向に向かう運動を固持する力を持つ」と述べられているのである[61]．これらの事柄は，ニュートンがデカルトの『哲学の原理』のなかの初めの二つの自然法則をベースとして，そこから彼の運動の第一法則の定式化に至ったということを十分に証明するものであると思われる．

デカルトがニュートンに対して直接的な影響を与えたと思われる第二の点は，ニュートンによる円運動の最初の分析である．ニュートンは同じ『雑記帳』の公理21と公理22で，この円運動の分析という問題を手がけている．そこでニュートンは，デカルトと同様に，円運動を，接線方向の直線運動と，物体が円の中心から遠ざかるようにさせる運動とに区別し，円運動をこの二つの運動の合成からなると考えている．その場合に，ニュートンは，この後者の運動を引き起こす力(すなわち後にいう遠心力)に対して，デカルトが彼の円運動の分析において使った「傾向力(conatus)」という言葉の訳だと思われる「endeavour」という表現をあてている[62]．

しかし，さらに注目すべきことは，ニュートンがこの円運動の分析の試みをもう一つ残しており，それが，『雑記帳』におけるのと同じアイデアに従っているということに加えて，デカルトが『哲学の原理』において提示したもの(101頁の図3参照)と同様の，図④

に基づいて展開されているということである．この試みは，『雑記帳』の時期の少しあとに執筆されたと思われるラテン語の断片のなかに見出される．この試論でニュートンは，遠心力の測定に，先に言及したデカルトの考えを応用しているのである．その考えとは，遠心力は，円周上の１点と，その点を通る法線と物体が円運動を開始する点における接線とが交わる点との距離によって測られるというものであった．ニュートンはこのデカルトのアイデアを援用して，(ニュートンの図に従えば)遠心力は線分 DB によって測られると考えたのである．そこで彼は，円運動の加速度について――後に加速度運動の原因は遠心力ではなく向心力であると改める必要があったものの――実質的に正しい定式化($\alpha = V^2/R$)に達した[63]．そういうわけで，デカルトはニュートンによるこの問題の正しい定式化に対して重要なベースを提供したと考えられるのである．

なお，デカルトがニュートンに与えた影響について，これらの手稿の校訂者ヘリヴェルは，その影響は慣性の法則に関しては確実であり，円運動の分析にについてもおおいにありうることだとしている．さらにヘリヴェルは，衝突問題に関するニュートンの研究へのデカルトの影響も示唆している．実際に，ニュートンは，『雑記帳』でこの問題を手がける際に，運動量の保存則を前提にしている．ところが，この時期には，デカルトを除いて誰一人として，この問題を運動量の保存則を前提として解決しようという考えを公表していたものはいない[64](この考えはベークマンがすでに抱いていたものであるが，彼は自分の仕事を『日記』に記すだけで公表しなかった)．

よく知られているように，この手稿の時期のあと，ニュートンは

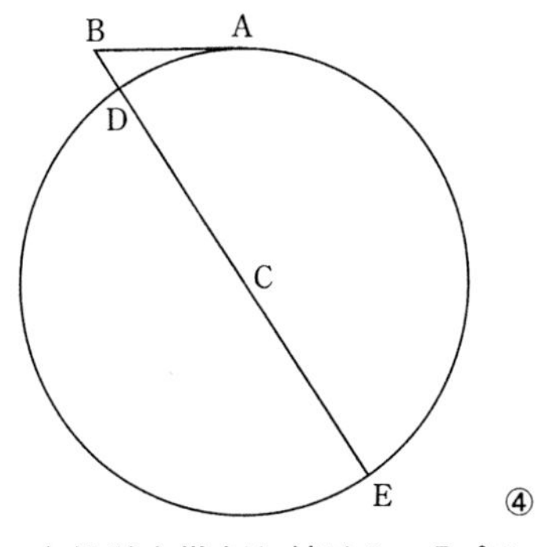

たえず，デカルトの自然学を批判し続けた．『プリンキピア』でニュートンが「帰納主義」や「実験哲学」を標榜し，「我は仮説を作らず」といったのは，もっぱら，仮説に満ちたデカルトの自然学と，重力の成因を微細物質の近接作用に帰するデカルトの説に差し向けられたものである．前述のヴォルテールの言辞はもちろん，ニュートンのこういったデカルト批判をそのまま受けて発せられたものである．しかし，青年ニュートンの手稿の内容は，ニュートンの公けの言動に反して，デカルトの自然学がニュートンにおける力学の形成の第一のベースとなっていたということを確証していると考えられるのである．

5　静力学におけるデカルトの貢献
――仕事の概念の定式化と仮想変位の概念の提示――

われわれは，デカルトの自然学が様々な側面において近代の物理学の形成に寄与したことを確認することができる．しかし，第4節で論じた点での寄与は，どちらかといえば，物理学の基本的なレベルにおけるものである．ところが，デカルトは，こうした貢献にとどまらず，古典力学の体系のうちに組み込むことのできる，いくつかの具体的な成果もあげている．このことは，科学史において一般的には十分に注目されてはいないので，強調しておく必要がある．そのような成果のうちに第一のものは，静力学に属するもので，「仕事」の概念についての初めての正確な定式化である．デカルトはホイヘンス(父)に宛てたある書簡に，様々な機械の機能の説明を目的とした論考を付し，そこで次のような静力学の一般原理と見なされる考えを提示している．「重いもの，例えば 100 リーヴルのものを 2 ピエの高さに持ち上げることのできる同じ力は，200 リーヴルのものを 1 ピエの高さにまで，あるいは 400 リーヴルのものを 1/2 ピエにまで持ち上げることができる．……そして，この原理は，もし人が，結果はその結果を産出するのに必要な作用に常に釣り合うということを考察するならば，必ず受け入れることができる[65]」．

ここでデカルトは，力と距離との積としての仕事が静力学の一般原理となるということを極めて的確に理解している．彼はまた，仕事に二つの要素(次元)すなわち重さと距離を帰属させるだけではなく，この仕事の概念に速度や時間を介入させる必要はないということをも正しく指摘している．静力学の問題の分析において，距離を考慮にいれることを速度を考慮にいれることと混同したガリレオとは違って，デカルトは，秤あるいは梃子の両端での二つの重さが，ある比例に従って釣り合うようにさせるのは「速度の差ではなく，……距離の差である」ということを正しく見抜いているのである[66]．彼は「そこには〔距離の比と〕同じ速度の比例が見出される」ということを否定はしない．しかし，「その速度が，距離の量のように，力が増大したり減少したりする理由を含むのではない」ということを適切に強調しているのである[67]．こうしてデカルトは，仕事の概念を明確にし，それを静力学の一般原理とすることによって，静力学を，デュエムの表現を借りれば，「一つの自律した科学」として確立したのである[68]．

デカルトの業績のなかで，古典力学の観点から評価すべき第二の具体的な成果は，「仮想仕事の原理」に関する彼の理解である．古典力学の仮想仕事の原理によれば，二つの物体(質点)に働く重さが釣り合うようにさせている機械(質点系)に対してある変位を与える場合，動く方の物体がおこなう仕事はそれに抗する物体が被る仕事に等しくなければならない．しかし，「この二つの仕事が等しいというのは，変位がどのようなものであっても生じるというのではない．……それは，釣り合い状態からの無限小の変位に対してのみ一般的に真なのである[69]」．デカルトは，この，釣り合い状態にあるものに対して仮想仕事の原理を適用するための本質的な条件を，メルセンヌへのある書簡に付された論考のなかではっきりと指摘しているのである．

デカルトはまず，ホイヘンス宛の書簡で与えた，仕事の概念に基づく静力学の一般原理について，次のような新たな補足説明を加える．「各物体の〔ある方向への〕相対的な重さ，あるいは，同じことであるが，物体がある位置にあるとき，それを支えて落下しないようにするのに用いられねばならない力は，それを支える力がそれを高めるためにも，またそれが低下する時にそれにつき従うためにもおこなわなければならない運動の始まりによって測られなければならない[70]」(傍点引用者)．この文面に，ある系が釣り合い状態にあると

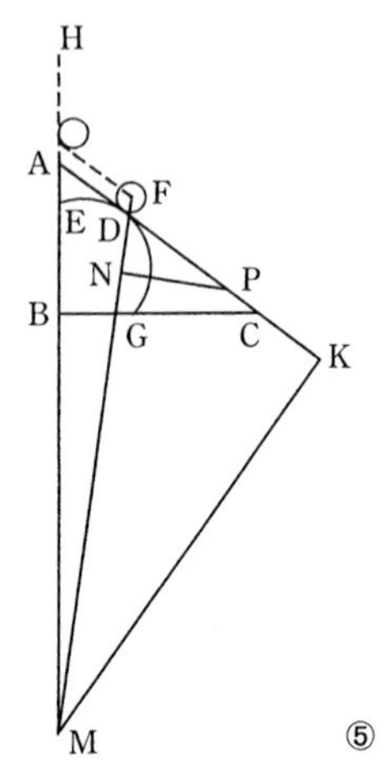

き(系が全体として仕事をしない状態にあるときに)，その系を構成する各物体に働く力が関わる距離とは，運動の始まりすなわち物体の微小変位であるという考えが認められる．この考えは仮想仕事の原理の萌芽ともみなすことのできるものである．しかし，これだけではまだこの原理の正しい把握に繋がるものとは必ずしも認められない．その点でさらに注目すべきなのは，デカルトが同じ論考で引き続き，斜面上で釣り合い状態にある物体の相対的重さを扱って展開している事柄である(図⑤参照．この問題は，地球静力学に関する問題の分析のなかで扱われており，そのために図⑤はやや複雑であるが，ここではA，F，C，E，D，Gのみに留意すれば十分である)．

その箇所でデカルトは，まず，点Dにおいて，ある物体Fが，力Hによって支えられていると想定して，次のようにいう．「私が，単に落下するではなく，落下し始める，といっている点にご注意ください．考慮しなければならないのは，この落下の始まりのみであるからです．例えば，この重い物体が，点Dにおいて，ADCがそうだと仮定されているような平面上で支えられているのではなく，EDGのような球面上，あるいは他の何らかの仕方で曲がった面の上で支えられていても，点Dにおいてそれに接すると想像される平面がADCと同じでさえあれば，この物体は，力Hにとっては，平面AC上で支えられている時以上の重さも，それ以下の重さも持たないでしょう．なぜならば，この物体が，点DからE，あるいはGの方へと曲面EDGを上がったり下がったりしておこなうであろう運動は，平面ADCでおこなうであろう運動とまったく別のものでありますが，しかし，EDG上で点Dにある時は，ADC上にある時と同じ方向に，すなわちAまたはCの方向に動くように決定されるであろうからであります[71]」(傍点デカルト)．

この文面は，デカルトが，釣り合いにおいて考察されるべき距離すなわち変位とは，物体の運動の始まりにおける，釣り合い状態からの微小変位(上の例では曲面上の点Dにおける接線方向での微小変位)でなければならず，また考慮されるべき力とは物体のこの微小変位の方向に対する物体Fの相対的力でなければならないと考えていることを示している．言い換えれば，ここに，釣り合いの状態にある系において考察の対象となるのは，系の各物体の微小(仮想)変位とその方向に対する物体の力の射影であるという考えを読み取ることができるのである．そこで，ある系の釣り合い(平衡)状態においては，系を構成する各物体(質点)の仮想変位とその変位の方向に作用するその物体の力との積の総和が0であるということを理解すれば，仮想仕事の原理の把握に至る．デカルトはこの原理の定式化そのものには達してはいない．そのためにはジャン・ベルヌーイを待たなければならない．彼はそれをヴァリニィオン宛の 1717 年 1 月 26 日付けの書簡で表明するのである[72]．しかし，デカルトはここで，仮想仕事の原理のファクターとなる変位とは微小(無限小)変位でなければならないということをはっきりと見抜き，それを記しているのである．デュエムはこの事実から，ジャン・ベルヌーイにこの原理の発見へと導く示唆を与えたのは，このデカルトの手法であったに違いない，と推察している．デュエムはそこで，「デカルトによって定式化された原理は，われわれが現在そこから静力学のすべての法則を演繹することのできる公理〔仮想仕事の原理〕を，暗々裏にではあるが，ほとんどそれに相当する仕方で含んでいる[73]」とさえいっている．いずれにしても，デカルトが仮想仕事の原理の定式化にとって本質的な考えを提供したということに間違いはない．

さてここで，デカルトにおいて，静力学を基礎づけることになる仕事の概念と仮想変位の概念とが明るみに出されたということは，デカルトの創造の形而上学と物理学上の自覚的な方法論とに無関係ではないということを指摘しておこう．デカルトはこれらの概念を，扱う対象から速度や時間を捨象したり，通過距離や実際の時間経過を含まない変位に着目することによって獲得した．そこで，これらの概念は幾何学的に表象可能となり，それを把握するのに時間上の経過過程というものに訴える必要はない．しかし，これらの概念が幾何学的表象に還元され，潜在的な能力あるいはそれの時間経過上の現実化といった概念との関係を排除するものであるならば，これは物体の文字通りの物理的本性を構成するものではない抽象的存在物と見なされてしまいかねない．実際にそのように考えたのがライプニッツであった．ライプニッツは，初めはデカルトの自然学の幾何学主義的見地を受け入れたのであるが，自ら微分積分学を考案し，デカルトの自然学を批判的に検討するうちに，デカルトの見地を越え出て，自然学では活力の概念を柱とする動力学主義の見地を展開した．ライプニッツにとっては，静力学上の力の概念や運動の初めの微小(無限小)変位の概念のような，現実の時間経過に関わらず幾何学的表現に還元できるものは，主観的で抽象的かつ想像上の存在(力については「死力」)に他ならない．彼によれば，物体の内的本性を構成するのは，現実の時間を取り込み，過去を背負い未来を孕む「活力(エネルギー)」でなければならないのである[74)].

しかし，デカルトにとっては，世界は，神の連続創造によって，瞬間瞬間の不連続的継起のうちにあって保存される．したがって，世界全体が各々の瞬間に時間経過を待つことなく現実的に与えられてあると考えることができる．それで，各瞬間に未来を考慮にいれることなく把握される物理学上のファクターは，未来における様態規定を含意する時間上のプロセスから切り離されていても，実在的に自然を構成するものと見なされうるのである．言い換えれば，「連続創造説」が，人間知性が，運動物体に関して，運動の瞬間における解析の手続きによって明晰判明に理解する事柄の実在性と客観性とを保証しているのである．静力学はしたがって，幾何学的表現のために，現実の時間に関わるエネルギー的要素をすべて排除しても，実在的で客観的な知識としての身分を保持しているのである．

ただし，以上のようにいうことは，デカルトが，彼の自然学の体系から文字通り力の概念に関わる動力学を排除して，幾何学的に表現できる静力学を特権視したということではない．デカルトとライプニッツにおいては力の概念が異なるのである．次の章で詳しく述べるように，デカルトは動力学的力を，物体に内在する産出的能力としてではなく，物体に対してそれを取り巻く他の物体が行使する作用と理解している．換言すると，デカルトによれば，物体に速度の変化を引き起こす力というのはその物体にとって外在的なものなのである．したがって，デカルトにおいては，速度の変化や動力学的力は物体の内的本性にではなく，宇宙を満たす物質の運動に関係づけられなければならない．しかし，静力学の問題のような特殊で局所的な問題の場合は，宇宙の物質が行使する外的作用のようなものは抽象できるので，その場合には速度や時間を考慮にいれることなく，幾何学的表象を十二分に展開できるのである．デカルトにおいて，静力学の分野では幾何学的方法が駆使され，この分野でデカルトが特に成功を収めているという事情は，哲学的背景としては以上の点に由来すると考えられる．

6　流体力学におけるデカルトの業績
――液体の噴出速度と噴出後の運動の問題――

最後に，デカルトが，以上の静力学上の業績に加えて，動力学の分野でも注目すべき具体的な成果をあげているということを付記しておこう．それは，液体の噴出に関する流体力学上の問題の分析結果で，1643 年のホイヘンス宛の書簡で展開されているものである．そこでデカルトは，液体の噴出速度と，噴出後にその液体が鉛直方向に上昇する場合と水平方向に噴出する場合におけるその運動形態について正確な定式化に成功しているのである．

その問題とは(図⑥参照)，ある高さ(AB)の管に満たされた液体がその管の底にあけられた穴(B)から噴出するという場合に，その管から噴出する液体はどのような運動をするかというものである.[75)]

この問題の分析でデカルトはまず，液体の噴出速度(流速)は，液柱の高さ(水頭)と同じ高さを液体が落下する際にその液体が得る速度と同じであると考える．この場合に彼は，その液体が落下する間，重力の作用は一定であり，空気の抵抗はないと仮定している．それでデカルトは，ここでは，ガリレオの自由落下の定式と同じものを応用しうるとして，液体が落下の結果得る速度すなわち液体の噴出速度は液柱の高さの平方根に比例するという正しい定式を得る($V \propto \sqrt{h}$)．そこで，図⑥に従えば，液体がAまでたまっている場合には，AB の 1/4 の高さであるFまでしかたまっていない場合と比べると，Bにおける液体の噴出速度は 2 倍になるということになる.

この定式は普通はトリチェリによって発見されたとされ，したがって「トリチェリの定理」と呼ばれる．しかし，トリチェリがこの定式を公表したのは 1644 年であり，このデカルトのホイヘンス宛の書簡は 1643 年初頭のものであるから，デカルトはトリチェリに先立って，あるいは少なくとも独立にこの定式の発見に至っていたといえる．デカルトはいわゆる「トリチェリの定理」の発見者の栄誉を担うことができるのである.[76)]

この発見から出発してデカルトは次に，管の底から水平方向に噴出する液体が描く軌道の定式化を手がける．そのために彼は，この液体の運動を，円運動の分析の場合のように，二つの要素すなわち水平方向の一様(慣性)運動と鉛直方向の加速度運動とに分ける．そこでデカルトは，前者の運動に対しては一定の噴出速度と同じ速度をあてがい，後者の加速度運動に対しては，ここでも，落下距離は時間の二乗に比例するという，ガリレオの自由落下の公式と同じものを適用する．そこから彼は，液体の管からの噴出後の運動の軌道は放物線であり，水平方向の通過距離は噴出速度に比例するという正しい帰結を引き出す(ここでデカルトは，自分の帰結がガリレオの考えに符合するものであることを認め，ガリレオを例外的に評価している)．そこで，図に従っていえば，液体がAまでたまっているときには軌道は放物線 BD を描き，Fまでしかたまっていないときには放物線 BC を描く，ということになる．

さらにデカルトは，垂直方向の液体の噴射についても，液体が落下によって得る速度で上昇する場合に達する高さは管のなかの液柱の高さ(水頭)に等しいという正確な定式を提示している．ただ，実際の値は，液体(水)の本性と噴出する際の穴の大小やその瞬間の重力の作用などによって計算値よりも小になると断っている．実際にデカルトは，そのような実際上の制限を指摘しながら，彼自身の計算から次のような理論的結論を引き出している．「垂直方向の噴射距離は管のなかの水の高さと常に等しいことが見出される[77]」．ここでデカルトが，後にダニエル・ベルヌーイがおこなったように，彼自ら明らかにした仕事の概念を液体の落下に適用していたならば，液柱の高さはその距離の落下によって得られる速度の二乗に比例するということが得られているのであるから，「活力(エネルギー)の保存則」は簡単に獲得できていたかもしれない．しかしデカルトは，少なくとも，ある任意の高さから落下する重い物体(デカルトの例では水滴)はそれをその同じ高さにまで上昇させる力を獲得するということの理解に達している[78]．このようにデカルトは，動力学の分

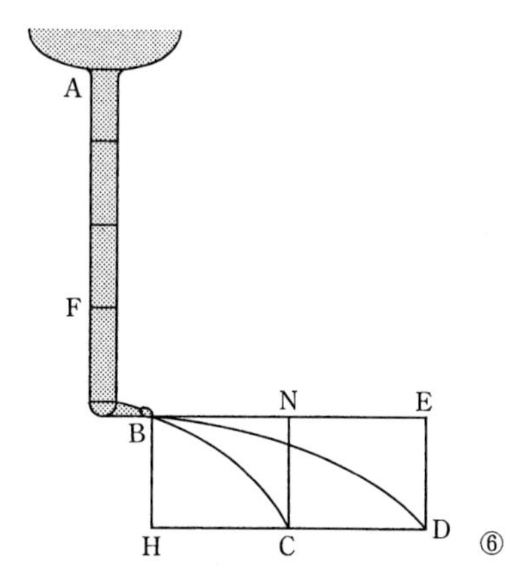

野で，慣性法則の確立や円運動の分析という考えの提示といった事柄にとどまらず，古典力学の形成に貢献する具体的な業績もあげているのである．

以上のような，デカルトの力学上の業績が認められるならば，デカルトの自然学と，ラグランジュにおいて解析力学として形式的に完成されることになる古典力学との間に，連続的な発展を看取することができるのではないかとも考えられる．実際にラグランジュは，解析力学を確立するために，動力学を釣り合いの静力学に帰着させる「ダランベールの原理」を介して，「仮想仕事の原理」を動力学に適用するという手法を取ったのである．そして彼は，彼自身の考案による「一般座標」というものを導入することによって彼の解析力学を完成させたのである．

またデカルトは，解析幾何学を考案したということに加えて，物体の運動においては，運動の少なくとも二つの部分あるいは二つの継起する状態の間の関係に着目すればよいという考えを示すことによって，運動を関数として把握するという見地を打ち出した．そうしてデカルトは，運動を運動する物体の位置変化において現実的に与えられてあるものと見なし，それを，すでに円運動や液体の噴出運動の分析において確認したように，瞬間における数学的解析に従わせた．これらの考えを結合し発展させて，例えば，物体の運動を座標空間上での位置変化として捉えて，それに微積分による数学的解析を施すとするならば，それは解析力学の形成に直結する．この点で注目すべきことに，ラグランジュは彼の『解析関数論(*Théorie des fonctions analytiques*)』のなかで次のように述べている．「力学を4次元の幾何学と見なし，力学上の解析を幾何学上の解析〔解析幾何学〕の拡張と見なすことができる[79]」．

この著作でラグランジュは，この彼の考えを遂行し，数学的解析を力学に適用して，そこから運動についての純粋に解析的な理解を引き出した．彼の手法の核心は，一言でいえば，運動の二つの瞬間における物体の微小な通過距離(すなわち時間 t における距離と時間 $t+\theta$ における距離との差，下記の式の $f(t+\theta)-f(t)$)に数学的解析を施すことである．具体的には，この式をテイラー展開にかけて，次のような展開式を得ることである．

$$f(t+\theta)-f(t)=\theta f'(t)+\frac{\theta^2}{2}f''(t)+\frac{\theta^3}{2\cdot 3}f'''(t)+\cdots\cdots$$

そこでラグランジュは，この展開式における第三項以下の項は無視しうるとして，この式の右辺の第一の関数を速度を表すものとして，第二の関数を加速度を与える力を表現するものと解する．そこから彼は次のような結論を引き出す．「このようにして，距離と速度と力とは，時間の関数とみなされ，それぞれ，〔この数式での〕原始関数，第一〔導〕関数，第二〔導〕関数によって表される．そういうわけで，距離を時間によって表す式を知れば，すぐさま，関数を直接，解析することによって，速度と力の表式を得ることができる」．こうして彼は「これらの速度や加速力の概念は，物体のある位置から他の位置への移動とみなされる運動の本性に基づいたものである」[80]という彼の力学理解を展開するのである．そうすると，このようなラグランジュの解析力学の発想をデカルトの運動概念の一種の完成形態と解釈することは無理なことではない．デカルトによれば，運動とは「物体のある位置から他の位置への移動」ということであり，その様態は運動の少なくとも二つの瞬間あるいは二つの部分における状態の関係[81]によって規定されるものである．ラグランジュの解析力学の構想は，このようなデカルトの運動概念の路線上で，それを徹底し，それにさらに微積分の手法を適用することによって得られたものと解することができるのである．

ついでにいえば，デカルトとラグランジュの間には，数学観に関しても明瞭な親近性を認めることができる．デカルトは近代解析学の創始者であり，ラグランジュはそれの大成者の一人であるから，その間に親近性があるのは当然であるが，単にそのような歴史的な繋がりにとどまらず，どのような対象を数学的対象の規範とするかというような数学観において具体的に親近性を見出すことができるのである．例えば，デカルトにおいては，無限小の観念，あるいは無限小解析を基礎づける極限の観念というものは，彼の数学における明証性の優位のために，正確で判明なものとしては受け入れられない[82]．他方，ラグランジュが彼の『解析関数論』で提示しようとするのは，「無限小，消滅量(évanouissant)，極限，流率というものについてのどんな考察からも解放され，有限量についての代数的解析に還元された微分計算の諸原理」(この書物の副題)である．そして彼は，無限小の概念に基づく考えについては，「その考えは，それ自身は正当なものであっても，その確実性が明証性(évidence)に基づいていなければならない学問の原理として役立つためには十分に明晰なものではない」と断言しているのである.[83)]

それはさておき，古典力学の形成に対するデカルトの貢献は，それの基本的概念や自然法則のレベルだけのことではなく，より具体的な問題に関してもけっして低く評価されるべきものではないということが了解されるであろう．しかし，ここで確認しておくべきことは，これらの具体的な問題に関する貢献が，『哲学の原理』や『世界論』という主要著作においてではなく，『書簡集』においてのみ提示されているということである．デカルトの自然学が最も詳細にわたって大規模に展開されているのは『哲学の原理』なのであるが，この大部の著作では，以上にみたような古典力学の形成に繋げられる具体的な成果は提示されていない．このことは，デカルトがそれらの成果や問題解決を彼の自然学の体系にとっては副次的なものとみなしていたこと示している．実際に，デカルトが『哲学の原理』で提示する自然学の第一の目的とは，先にみたような具体的な問題に対して数学的分析を施して得たような考えを発展させて物理理論を構築するということではなく，一般的で宇宙論的な原理から地球を含む宇宙全体についての物理体系を構築することである．デカルトがとりわけ『哲学の原理』の大半を占める，第三，第四部で展開するのは，『書簡集』に見出され，古典力学の形成に積極的に寄与しえたと評価できる種類のものではないのである．逆に，先に取り上げた静力学や動力学上の具体的な諸問題の分析においては，『哲学の原理』の大半を支配する宇宙論的自然学の原理は介入していない．この点で象徴的なことは，先の液体の噴出運動の分析において，ガリレオの自由落下の公式と同じものが適用され，そこでガリレオ評価の言葉が見られることである．しかし，その適用は，重力の作用が一定で空気の抵抗がないと仮定されたうえでのことであった．その意味でガリレオの公式の適用や評価は，特殊で局所的なレベルでのみなされているのである．しかし，この仮定は，デカルトが彼の根本的な宇宙論的自然学を展開するにあたっては無効とされる．それとともに，そのような文脈ではガリレオの仕事はまったく妥当しないものとして論難される．そこで，次に，われわれはデカルトが彼の物理学の体系を詳細かつ大規模に展開している『哲学の原理』の第三，第四部に立ち入り，それを貫く原理と論理を検討することにしよう．

V　デカルト自然学の限界と問題

前章でわれわれは，デカルトの自然学が単に，近代の物理学の形成に対して幾多の基本的概念を提供したというにとどまらず，いくつかの具体的な分野で，古典力学の形成に貢献する成果を実際に提示しているということを確認した．ところで，デカルトの自然学が最も詳細に大規模に展開されている『哲学の原理』の第三，第四部にまで立ち入って，それを理解しようと試みるものは，そこで想像力に訴える類の図形的記述が相次ぐのに接して戸惑いを禁じえないであろう．デカルトは，それらの二つの部の大半を宇宙や地球の生成と物質構造の説明に費やし，自然現象の数学的法則を探究するというのではなく，想像力に満ち満ちた宇宙論的物理学の展開に終始しているのである．そうすると，『哲学の原理』第二部の末尾における「私は自然学における原理として，幾何学あるいは抽象数学におけるのとは違った原理を容認もせず要請もしない」という主張と，その自然学の体系の大部分が想像力に訴えた宇宙論的構想にとどまっているという事実との間の離反をどう理解すればよいのであろうか．また，デカルトの自然学が，一方で古典力学の形成に寄与するものでありながら，他方，いくつかの根本的な点でニュートン力学の形成への方向からはずれることになったことは否定できない．ニュートンの天体力学とデカルトの宇宙論との間には，単に細部の内容上のことにとどまらず，原理上の対立がある．そのようなデカルト自然学の側面はどう説明できるのであろうか．

1　宇宙論的物理学の構成
——物質と延長空間との同一化——

これらの問題に対する答えはまず，デカルトの自然哲学の論理そのものに見出されると思われる．古典力学の観点から指摘されるデカルトの自然学の欠陥は，デカルトが自分の世界体系を構築するにあたって，その構築の論理に終始一貫して忠実であったということに由来すると考えられる．デカルトの自然哲学の指導的原理は，繰り返していえば，物質と延長空間との同一化，すなわち「物質即延長説」である．この説はその系として，真空の否定と絶対不動の一点ないし空間の否定を伴う．この説はそこで，狭い意味での物理学と宇宙論との関係についての重要な帰結をもたらす．それは，この説によれば宇宙空間全体が物質に満たされていることになるから，宇宙は，そのすべての部分が厳密には連関しあような全体を構成するということである．そうすると，地上の現象を対象とする物理学は厳密には宇宙論と独立には成り立たないということになる．言い換えると，地上の身近な現象の分析も，前もって周りの宇宙の物質構造についての知識を持つことなしには厳密にはおこないえないということになる．『哲学の原理』の第三，第四部の論述の構成がこのことを反映している．そこでは，まず天体現象の運動学的記述がなされたあと，宇宙の物質構造と生成過程についての仮説（渦動説）

が提示され，ついでそれに従って宇宙の諸現象の因果的説明がなされる．そして最後に地球の諸現象の因果的説明がおこなわれるのである．デカルトは，このような宇宙論的物理学の枠組みのなかで，質量や速度や加速度といった力学の基本概念を扱い，それを彼の自然哲学の論理と物理体系の構成に適合するような仕方で規定している．そこでわれわれが考えてみなければならない問題は，デカルトの宇宙論的自然学というものは，宇宙(生成)論と論理的に独立な仕方で形成されたニュートンの力学，特にそれを洗練し完成させた「質点力学」と整合するものなのかどうか，ということである．この問題を解明するために，以下でまず，この点に関わるいくつかのデカルトに特有の物理学上の概念を検討し，ついで，古典力学との対比におけるデカルトの自然学の特殊性と限界とがはっきり示されているいくつかの具体的な事例にあたることにしたい．

2　デカルトの質量概念

まず第一に取り上げなければならないのはデカルトの質量概念である．デカルトは，古典力学が採用することになった質量概念に繋がるものを把握していたのであろうか．デカルトは『哲学の原理』第三部の第 121 節から 123 節にかけて，質量に関する二つの概念を提示している．一つは彼が「堅固さ (soliditas)」と呼ぶもので，もう一つは「揺動(agitatio)」と呼ぶものである．デカルトが堅固さという概念で意味するのは，物体を構成する地の第三元素の物質の量，それもその物体の**体積**や**表面積**と比較される限りでの物質の量(quantitas materiae)のことである．これに対して，揺動ということでいおうとするのは，物体が自分自身で運動することによって獲得するところの，その運動を固持しようとする力のことであり，それも物体の表面積や体積からではなく，ただ物体を構成する地の第三元素の物質部分によってのみ算定されるべきものである（ここで第三元素というのは，デカルトが宇宙を構成すると考える三つの基本的な元素のうちの第三のもので地球を形成するものである．なお第一元素とは恒星を構成する最も微細で活発な運動をおこなうもの，第二元素とは天に充満する小球すなわち微細物質のことである．ただし，これらの三種の元素は，もともと同質の物質部分から分岐したものであり，第三元素は第一元素から合成されたものである．また堅固さや揺動という概念はもちろん第三元素にのみ関するものではない[1]）．

このようにデカルトは，『哲学の原理』で質量に関する二つの概念を提示している．デカルトはまた，このことに関わることとして，ドゥ・ボーヌ宛の書簡で，注目すべきことに「慣性(inertie)」という言葉を使って，慣性にも二種類あるという考えを示している．すなわち，「〔物体の〕物質の量に依存する一種の慣性があり，また物体の表面積の拡がりに依存する別種の慣性がある」というのである[2]．

ところで，デカルトによれば，物体の運動の実際の様態は，その物体を囲む他の物体の近接作用を考慮にいれることなしには決めることはできない．なぜなら，他ならぬ「物質即延長説」によって，物体は厳密には微細物質によって満たされた空間を運動するとしか考えられないから，微細物質が物体に対して表面を介して働かせる作用ぬきに物体の運動を考察することはできないからである．そうすると，この宇宙の物体の運動を考察する際に実際に考慮しなければならない質量(慣性質量)概念とは，物質量によってのみ規定される「揺動」であるよりはむしろ，「単に物質〔量〕にのみ依存するのでなく，大きさや形〔すなわち体積や表面積，特に後者〕にも依存する堅固さ[3]」でなければならないということになる．言い換えると，「〔物体が直線運動を行っている場合に，それを続けようという〕その力は，おのおのの物体のなかにある物質量だけでなく，その物体の表面積の拡がりにも依存しているのである[4]」．そこで，この堅固さとしての質量は，表面積が同じ場合は，物質量の多い方が大ということになるが，物質量が同じでも表面積が大きければそれだけ小さくなるということになる．なぜなら，表面積が大きい物体は，それだけ周りを満たしている物質の外的作用を被ることになり，その分，自らの状態を維持しようという能力(慣性抵抗)を持ちえないことになるからである．

それでデカルトによれば，表面積が小さくとも，極端に小さな小球は別として，天を満たす小球すなわち第二元素の微細物質が，その大きさの割りに，存在可能なものすべてのうちで最も堅固なものであると考える．というのも，球体はその体積の割りに，すべてのうちで表面積が最も小さいからであり[5]，「最小の表面積のもとに最大の物質を含む」からである[6]．そこでデカルトは，天の小球が，ある星よりも比較にならないほど小さいのに，より堅固であるということ，逆に，星全体が「自らの運動を保持する能力」において天の小球よりも劣るということがありうると考える[7]．このような考えに従えば，物体の慣性の能力を示すものとしての質量(慣性質量)は，極端に微小なものを除けば，物体の物質量に比例するが，その表面積に反比例するものと解される（$m \propto M/S$，m は物体の堅固さとしての質量，M は物質量，S は表面積）．デカルトにおいては，物体が自らの運動状態を保持しようという能力としての質量（慣性質量）の概念に，物体の表面積がその偶然的要素としてではなく本質的な要素として介入すると考えられるのである．

デカルトは，この，物体の表面積にも関わる質量概念を，実は，『哲学の原理』の第二部で衝突問題を扱う際にすでに介入させている．デカルトは実際に，彼の「衝突法則」を提示するにあたって，「静止しているものがその静止を固持しようとし，……運動しているものがその運動すなわち同じ速度を持ち同じ方向に向かう運動を固持しようとする力」について触れて，「そういう力は，それを有する物体の大きさと，その物体を他の物体から分離している表面積によって測られなければならない……」と述べている[8]．つまり，ここですでに，物体が静止状態あるいは等速直線運動を続ける力すなわち慣性状態を維持する能力は，物体の大きさ（ここでは物体は完全な固体と仮定されており，したがって物体の大きさは物質量に比例すると考えられる）のみならず，物体の表面積にも依存するという考えが提示されているのである．

ただし，デカルトは，そこで二つの物体の衝突に関する七つの規則を展開する場合，その二物体は他の物体からはまったく切り離されていて，その運動が周囲の他の物体によって妨害もされず助長もされないと仮定しており，したがって周りの物体の近接作用に関わる物体の表面積を考察から除外している[9]．衝突法則の定式化において，質量概念については，物体の大きさに比例する物質量のみが考慮されているのである．しかし，デカルトは，七つの衝突の規則を提示し終わったあと，物体の表面積に関わる彼の質量概念に忠実に，「どの物体も同時に多数の物体に接触されているがゆえに，これらの規則を適用するのは困難である」と付言するのを忘れてはいない[10)]. デカルトは，一方で衝突問題の分析においては，二つの物体は他のすべての物体から切り離されていると仮定しながら，他方で「世界のうちには，そのように他のすべての物体から切り離された物体はありえない」と断言し，実際には，「当の物体を取り囲んで接触しているすべての物体を同時に考慮にいれなければならない」と主張しているのである[11)]. その場合には，物体の表面積を当然計算にいれなければならないことになる.

このように，デカルトによれば，物体の慣性に関わる質量というものは，物体を取り囲む物体の近接作用と相対的に，したがって物体の表面積を介入させる仕方で理解されなければならない. この質量概念は，デカルトの力学理解におけるもう一つの重要な概念に関係する. それは，「重さ(gravitas)の量は各々の物体の物質量に対応しない[12)]」というものである. 以下の本章第4節で詳しく取り上げるように，デカルトによると，重力あるいは地の物体の落下現象というのは，天の微細物質が地の物体の表面に対し，自らの堅固さによって直線運動を続けようとして行使する近接作用の結果である. そうすると，重力というのは，天の微細物質の運動と相対的に理解されるべきものとなり，それは地の物体の物質量によってのみ決められるものではないということになる. これは，物体の物質量は重力に比例するものとは考えられないということである. ところが，周知のように，ニュートン力学では，物体の物質量が慣性質量と定義され，ついで慣性質量は，事実上，物体の重さすなわち重力質量に比例するということから，それと同一視される．デカルトの質量概念および重力概念はこの可能性を排除する．デカルトによれば，物体の物質量は，慣性質量にも，重さすなわち重力質量にも比例しないと考えられるのである．

さらにデカルトは，慣性概念に関わることとして，物体が外力によって加速される性質あるいは能力は物体が運動する速度に依存するという考えも提示している．デカルトはメルセンヌへのある書簡でこういっているのである．「自然の力能はすべて，〔それを受ける〕主体がその力能の作用を受け入れる態勢の大小に応じて，より大きくあるいはより少なく作用する．それで，一個の石が，すでに非常に速く運動している時と，非常に遅く運動している時とで，新たな運動あるいは速度の増加を等しく受け入れる態勢にあることはない，ということは確かである[13]」．つまり，デカルトによれば，物体が速く運動すればするほど，物体の速度を加速させることは難しく，したがって物体の速度とそれに加えられる速度との合成はいつも単純に加法によってなされるとは限らないのである．この考えは，以下で取り上げる物体の自由落下の問題についてデカルトが与えた説明で前面に登場する．このデカルトの考えは，物体が極めて速い速度で運動する場合には，その物体の慣性質量が増大するということを意味するものと解することができる．このようなわけで，デカルトは，古典力学の場合のように，物体の質量を物質量あるいは重さに比例するものと把握して，それを物体の重心に集中させるどころか，物体の質量概念に，その体積のみならず，その表面積やその運動状態，およびそれを囲む他の物体の作用をも介入させるのである．このようなデカルトの質量概念は，それだけですでに，デカルトの力学は質点力学につながりうるものではないということを理解させるのに十分なものである.

3　デカルトの重心概念

このようなデカルトの質量概念に加えて，その力学が質点力学となるのを妨げるもう一つの概念がある．それはデカルトの重心概念である．デカルトはおのおのの物体において重心が一定の位置を占めるということを認めず，それも静力学において認めないのである．デカルトはそのことを，先に取り上げた，仕事の概念を核とした静力学の一般原理を提示するホイヘンス宛の書簡と，その同じ原理と仮想変位の概念とを展開するメルセンヌ宛の書簡で断言している．後者のメルセンヌ宛の書簡に従うと，デカルトはまず次のことを論証する．それは，二つの完全に相等しい物体が完全に正確な秤の両端にあるとして，この秤の二つの腕が水平線と平行でない場合には，二つの物体のうちで，地球の中心により近い物体は，他方の物体よりも重さが大きくなる，ということである．ついでデカルトは以下のように主張する．「そのことからまた次のこと，すなわち，秤以外のところでも，同じ物体の等しい部分の間で，より高い部分はより低い部分よりも，それが地球の中心からより遠ざかっているだけ重さが小さくなり，したがって，重心は各々の物体において，それがたとえ球体であっても，不動の固定された中心ではありえない，ということが帰結する」．デカルトは，この場合は，この論証を，いくつかの理想化の条件と，物体に働く絶対的な重力が等しいという，彼自身実際には真だとは考えていない仮定のもとでおこなって

いる.[14)]

このデカルトの論証は，複数の物体あるいは物体の複数の部分から地球の中心へと引かれた直線が平行でないと認められるならば正しい．しかし，デカルトは，この場合は物体と地球の中心との距離は途方もなく大きいのであるから，それらの直線の間の角度は無視することができ，それらはしたがって互いに平行であるとみなすことができる，ということをわきまえていない．重力は地上の現象に関しては「平行力」なのであり，そのために，質量中心と重心とは一致し，したがって物体の重心は一定不動であると考えることができるのである．デカルトは，秤の上の二物体や物体の部分という身近な対象を地球の中心というまったくスケールの異なるものに関連づけすぎて，考察対象の規模からしてまったく無視しうることまでも考慮にいれている．その結果，正しい理解からはずれてしまったのである．

さて，デカルトが静力学の理想化された枠組ですでに重心の位置の不動性を否定したことから，より具体的で複合的な動力学のレベルではなおのこと，それを否定するであろうことは容易に想像される．デカルトの動力学では，重力の原因と考えられる天体空間を満たす微細物質の運動を必然的に考慮にいれなければならず，重さをめぐる考察はより複雑にならざるをえないのである．実際にその点を，以下で立ち入って検討することになる「剛体振子(複振子)」の「振動中心」の問題についてのデカルトの分析のなかで確認することができる．そこで彼は，剛体振子の重心について，その位置を物体のなかに固定できるのは，「その物体のあらゆる部分が均一に自由に下降するか，あるいは均一に妨げられるか，いずれかの場合に限られる[15]」という．デカルトは，ある部分が下降し他の部分が上昇することになるような剛体振子の一般的なケースでは，重心は同じ物体にあって場所を変えると考えるのである．

それというのも，デカルトによれば，物体の重さは物体を囲む微細物質の圧力に起因すると考えられるために，物体の重心の決定は，一般的に，物体を構成する諸部分と，それを囲みその運動を助長したり妨げたりする微細物質の運動との関係に依存することになるからである．したがって，その関係が，剛体振子の運動の一般的な場合のように，剛体を構成する部分によっては同じでない時には，重心は一定でないということになる．つまり，重心の位置は各々の物体において一定であると考えられるどころか，その物体の運動状態と相対的なものと見なされる．そこで重心の決定は「純粋に事実問題」に他ならないということになるのである[16]．このようなわけで，デカルトにおいては，物体の諸部分の重さは物体の重心に必ずしも集中されるのではなく，原理的には諸部分を取り囲む微細物質に関係づけられるのである．このことはもちろん，デカルトの力学が質点力学に発展する妨げとなる．

4　デカルトの重力概念と天の微細物質

次に，デカルトの力学に固有の概念として重力の概念をさらに検討しなければならない．この概念がとくに，デカルトの自然学に宇宙論的自然学という性格を与え，それを古典力学の完成への方向から決定的な仕方で逸らしてしまうことになるのである．すでに一度ならず言及したように，デカルトは重力を宇宙全体に充満している天の第二元素すなわち微細物質の圧力によって説明する．デカルトは，重力について，一方で，それは「重いと呼ばれる物体の各々に内在する力あるいは性質」であると信じる人々に反対する．このような考えはアリストテレス以来ガリレオに至るまで支配的であったものである．デカルトはまた他方で，重力は「地球の中心あるいは地球の物質全体」にあって，「物体を地球の方に引きつける力能あるいは力」と考える人々にも反対する．この考えはいうまでもなくニュートンが発展させる「引力」の考えである[17)]．これに対してデカルトは，重力というのは，極めて大きな速度で運動している天の微細物質が，天空に浮遊している地の物体を，自らの直線運動を続けようとして，地球の中心へと押しやる作用に起因すると考える[18)]．デカルトによれば，重力は，ガリレオが誤って考えたように，物体自身に内在する力ではなく，またニュートンが考えるのとも違って，物体の周りの物質構造から説明されるべきものなのである．

このような，重力の原因は天の微細物質の圧力であるという考えからは，デカルトの物理体系の理論的構成に関することのみならず，彼の具体的な科学探究の方針そのものに関わる帰結が引き出される．それは，重力に関する法則の数学的定式化についてのデカルトの否定的見解である．デカルトはそのことについて次のようにいう．「重力というのは純粋に事実に関わることである．すなわち，それは，人間によっては，それについて何らかの実験をなしうる限りにおいてしか決定されようのないものである[19)]」．彼はさらに，「重力の減少や増大はあるにしても，それがいたるところである同じ比率に従うなどということはありそうにもない」とさえ断言する[20)]．

このように，「物質即延長説」に由来する，物理学と宇宙論とは不可分であるとする考えは，デカルトにおいて，重力に関する普遍的な法則を数学的推論によって獲得することはできないとする帰結をもたらす．デカルトは，先の章でみたように，重力(重さ)の概念をもちろん介入させなければならない静力学の問題は数学的に扱っているが，それは，この静力学というレベルでは，極めて限られた条件のもとで，各物体において一定の絶対的重力というものが働くと仮定しているからである．実際に，デカルトが静力学の問題の分析で想定している絶対的重力とは，「物体が地球の中心からある距離にあって，普通の空気のなかにあり，他のいかなる物体によっても押されたり支えられたりせず，しかもまだ運動し始めてはいないときに，その物体がそれによって直線方向に落下しようとする力」のことである[21]．そこでさらにデカルトは，その絶対的重力というのは極めて抽象的な概念であって，ちょうど天文学者が有用であるという理由からおこなう仮定のように，具体的な物理学の観点からすれば真とは認めがたいものであるとわざわざ留意しているのである[22]．

そこで，このような絶対的重力というものは動力学の問題の分析に一般的に適用できるとは考えられない．なぜなら，この分野では，微細物質のなかを運動する物体を考察しなければならず，したがって，その物体を押したり，それに抵抗したりする微細物質の運動を考慮にいれて，それと相対的に重力を考えなければならないからである．そのためにデカルトは，先で取りあげた液体の噴出速度に関する問題について，その正確な定式化を提示した時でも，次のように付言することを忘れてはいない．「これらの確定された命題は，重力の作用が，物体が速く運動するに応じて減少するということと，空気がその物体にそれだけより強く抵抗するということのために，正しいものではない[23]」.

デカルトによれば，重力の原因と考えられる，微細物質の物体に対する圧力というのは，物体の運動の速度と相対的なものである．というのも，物体が微細物質と同じ速度で落下するようになれば，微細物質は物体をもはやまったく押さなくなると考えられるからである．言い換えると，天の微細物質は地の物体に対して常に同じ仕方で重力を行使するということはないのである．要するに，落下のような地の物体の運動様態を規定するためには，その物体の運動を，その周りにあって圧力としての重力を行使する微細物質の運動様態との関連で考察しなければならないのである．そこから，デカルトの次のような注目すべき主張が生じる．「重力とは本当のところ何なのかということを説明し，それとともに世界の全体系(tout le système du monde)を説明したうえでなければ，速度について何がしか立派で堅固なことをいうことは不可能である[24]」.

こうして，デカルトによると，物体の運動や重力についての動力学的考察は「世界の全体系」に関係づけられなければならない．地上の現象を厳密に解明しようとすれば，その現象を局所的に分析するのではなく，それと宇宙の物質的構造との関係を考慮にいれて考察しなければならないのである．デカルトにおいては，これは，物質と延長空間との同一化から引き出された論理的帰結である．そして，この宇宙論的物理学のホーリズムのためにデカルトの自然学は，地上の物理学と宇宙論との峻別のうえに確立されるニュートン力学ないし質点力学とは異なる方向を取ることになったのである．以下の二つの節でわれわれは，デカルトが自分の自然学の構成において自らの自然哲学の論理に徹底して忠実であったということが，彼の自然探究に限界をもたらすことになったということを，デカルトが不成功に終わった二つの事例にあたって確認することにしよう．

5　デカルトと物体の自由落下の問題

第一の例は物体の自由落下の問題である．この問題をデカルトは，若い時に（1618年から1619年にかけて）ベークマンとの共同研究で取り上げている．このときベークマンの方は正しい解に至っており，デカルトの方の答えは誤っていた．彼らは同じ問題に共同研究という仕方で取組みながら，問題の解釈と解決の仕方を異にしたのである．この場合のデカルトの失敗の第一の原因は，すでにA．コイレによって指摘されているように，計算上で時間をパラメータとして取り入れなかったことにある[25)]（図⑦参照）．コイレはこのデカルトの手法に特に関心を示して，そこに「無時間的なものに帰着する過度の幾何学主義」をみた．彼によれば，この幾何学主義こそがデカルトの科学探究の展開を特徴づけるもので，それは「デカルトの思想の原罪」なのである[26)]．しかし，デカルトの青年期における自由落下の分析の失敗を，デカルトの主要著作にみられる科学研究に特徴的な幾何学主義のせいにするのは誤りである．というのは，以下で確認するように，デカルトは，自分自身の自然学の体系の構築に際しては，ベークマンと物体の自由落下に関する共同研究をおこなった時に受け入れた自然学上の基本的な概念を放棄するからである．デカルトはベークマンとの共同研究では，真空の存在と地球の引力，および物体の自由落下における一定の加速度を認めていた．さらに，まずベークマンによって提示され，デカルトによって支持された慣

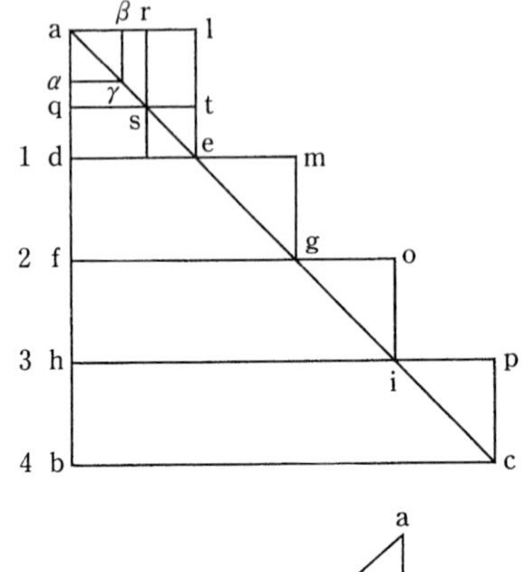

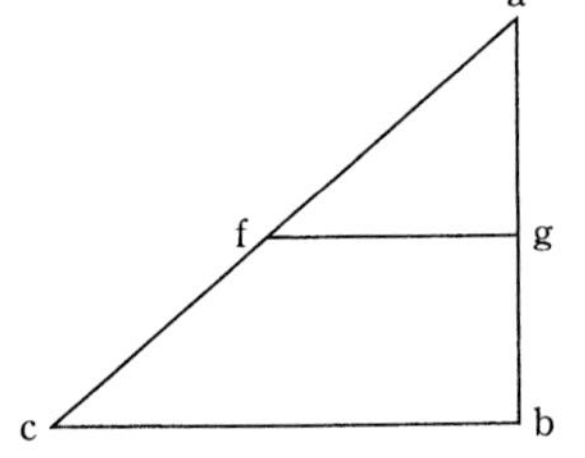

⑦ この図でデカルトは横線を落下において増大する力(引力)とみたて，縦軸を通過距離とみなした．これに対してベークマンは縦軸を時間とみなし，三角形を通過距離と解して，落下距離は落下の時間の二乗に比例するという正しい解を示した(ただし，ベークマンの場合，それは公表されなかった)．

性の概念は，真空において成立すると考えられていた(ただし，この時期にはベークマンによってもデカルトによっても，慣性運動が直線運動であるとは主張されていない[27])．したがって，もしデカルトがこれらの自然学上の基本概念を受け入れ続けていたとするならば，その場合でも，落下距離と時間との関係に着目しないで，ベークマンやガリレオが得た正しい定式を獲得できなかったかどうかは分からない．実際に，先の液体の噴出運動の分析では，デカルトは，現象を，天の微細物質の運動などを考慮にいれることなく，抽象的で理想化された状態で分析するという方針を取った．そのために，その場合にはガリレオの自由落下の公式が妥当するとみなしたのである．

この点でおおいに注目すべきことは，デカルトは，ベークマンとの共同研究の時期から，彼が自由落下の問題に最初に取り組んだ時に受け入れたものとまったく異なる重力の概念をもっていたということである．それは，この自由落下の問題の分析が含まれている断片『物理数学(*Physico-mathematica*)』のなかに記されている，ある流体力学上の問題の分析において見受けられるものである．そこでデカルトは，容器に入っている液体がその容器の底に対して与える圧力とその液体の重力とはどのようなものかという問題を検討している．その詳細は科学史的には重要でないが，注目すべきは次の点である．すなわち，この分析のなかでデカルトは，重力(gravitatio)を，上なる液状の物体が下なる液状の物体を下方にその運動の最初の瞬間に押しやる力と解しているということである．より正確にいえば，この箇所では，重力は，「重い〔液状の〕物体の下にあってそれに最も近い表面が，その同じ物体によって押されるところの力[28)]」と言い表されている．しかも，この重力は押す物体の量だけでなく，その運動の最初の状態にも依存すると考えられているのである．このように，デカルトはここでは重力を，物体がそれに近接する他の物体の表面に対して働かせる作用すなわち圧力とみなし，しかも，それをその物体の最初の速度に依存する圧力と考えているのである．したがって，デカルトが1629年から1630年にかけて自然学の体系の構築に取り組んだ時に発展させることになったのは，物体の自由落下について彼が最初に取り組んだ時に受け入れた概念や想定の方向のものではなく，この，重力についての第二の流体力学的概念の方向のものなのである．

そこでデカルトは，1629 年から 1630 年にかけて自然学の基礎について方針を決定したあとは，真空の存在や引力および物体の落下における加速度の一様性の概念を偽として捨て去ることになる．第Ⅱ章で述べたように，1630 年に表明された永遠真理創造説は，幾何学的に想像される無際限の空間を物理的に真な実在的存在と考えることを可能にするものであった．そこから「物質即延長説」が帰結し，これは真空の存在を否定する．この，延長空間と物質とを同一化し真空の存在を否定する考えは，実際に，永遠真理創造説が初めて表明される 1630 年 4 月 15 日のメルセンヌ宛の書簡ではっきりと登場するものである[29]．そこでさらに，宇宙全体を満たす，「このうえなく流動的で微細な実体〔物質〕」[30]というものが考えられ，これが行使する地の物質に対する圧力が重力の原因であると考えられる．ここで重力を地球の引力とする考えが排除されることになる．そして，前節でのべたように，デカルトは，この重力が世界のいたるところで同じ比率に従うということを否定する．これは，重力を原因とする一様加速度運動はないということを意味する．実際に，デカルトが，1630 年以後，物体の自由落下の問題に関して表明する意見は，このような見解に沿ったものである．その点を確かめておこう．

デカルトはメルセンヌ宛の 1631 年 10 月(？)付けの書簡で，その二年前にやはりメルセンヌに送った書簡のなかで展開した，物体の自由落下の速度についての彼の考えに話を戻して，その内容の撤回を告げる．その書簡(1629 年 11 月 13 日付け)には，デカルトが最初にオランダに滞在した時(1617 年から 1619 年の間)に書いたと推定されるラテン語の断片が挿入されてあり，そこには物体の自由落下の問題について，ベークマンとの共同研究から得たものと同じ内容のことが述べられているのである[31]．デカルトはそこでメルセンヌに対してつぎのように釈明する．「それ〔先に示した落下の速度の推定の仕方〕は二つの確かに誤った事柄を仮定しております．すなわち，まったく空虚な空間が見出されうるということと，そこでなされる運動はそれが始まる最初の瞬間には想像されうる限り最も遅いものであり，そのあとはその運動は常に均一に増大する，ということです[32]」．

デカルトはさらに，この書簡よりもう少しあとで，同じ相手に同じことを繰り返し次のようにいっている．「誰もが想像しているように，真空を仮定すれば，他のことは論証可能であります．しかし私は，誤りを犯すことなく真空を仮定することはできないであろうと思います[33]」．そこからデカルトは，物体を動かす力が常に均一な仕方で作用すると仮定することは「明らかに自然の法則に反している」と主張する[34]．このように，延長空間と物質との同一化のうえに設定されるデカルトの自然哲学は，真空の存在の否定とともに，外力は一定の仕方で作用するという考えに基づく一様加速度というものの否定をも帰結するのである．

このような自然哲学に従うと，物体の落下の速度というものは，それを，重力の原因と考えられる天の微細物質の作用と関係づけることなしに確定することはできない．デカルトがガリレオを弾劾するのはこの観点からである．デカルトはいう，「彼が真空中を落下する物体の速度やその他のことについていうことはすべて基礎なしに立言されている．というのも，彼はそれに先立って重力とは何かということを確定するべきであったからである．それで，もし彼が重力について真実を知るとするならば，彼は重力は真空のなかでは皆無であるということを知ることになるであろう[35]」と．また，前節で留意したように，デカルトによれば，空中の物体の速度やその増減は，物体を地球の中心の方へ押しやる天の微細物質の運動の様態に依存する．したがって，物体の落下の速度を規定するためには，それに先立って重力の本性や「世界の全体系」を説明し，その問題を宇宙の体系の枠内で検討しなければならない．このような，宇宙論的物理学の構想から論理的に帰結する根拠によって，デカルトは最終的に，物体の自由落下に関する法則を得ようとする試みを自覚的に放棄するのである．デカルトは実際にその事情をある書簡で次のように告白している．「〔物体の落下の速度のような〕速度について何ごとかを決定しうる前に，多くの考察すべきことがある．そのことが私にそれ〔物体の速度についての探究〕を常に思いとどまらせることになったのである[36]」．

以上のことから，デカルトにおいては，彼の宇宙論的物理学のホーリズムが物体の自由落下に関する法則の探究の障害となったということが了解されるであろう．デカルトがこの問題について正確な定式化に至ることができなかったのは，専門的能力の不足のせいでもなく，「過度の幾何学主義」のせいでもない．それは，彼が，地上の局所的な現象といえども微細物質に満ちた宇宙の物質構造に関係づけよと命じる，彼自身の宇宙論的物理学の論理に忠実でありすぎたからである．このデカルトの，物体の落下の問題をめぐる歩みは，この問題の正しい定式化に成功したガリレオの歩みと対照的である．ガリレオは，この問題の解明において，真空を仮定し，一様加速度運動の存在を念頭に置いていた．また，科学方法論的には現象論的手法を取り，彼が科学探究の当初においてはインペトゥスに帰していた投射体の運動の「原因」についての考察を棚上げにしたのである.[37]

6　デカルトと複振子の振動中心の問題

デカルトの自然哲学の論理が，その科学研究において否定的に働いた第二の具体的な事例とは，「複振子の振動中心」を求める問題である．この問題はメルセンヌによって同時代の数学者に提起された．その問題とは，具体的にいえば，ある固定された一点に吊るされた任意の形の物体について，それが，ある与えられた長さの，その一端にのみ錘が取りつけられた紐がおこなう振動の周期と同じ周期で振動するようにするには，それはどのような大きさのものでなければならないか，という問題である．つまり，ある与えられた任意の剛体の振子(複振子)の「相当単振子の長さ」を求めよという問題である．この問題についての最初の解答の試みが，デカルトの書簡に見られるのである.

デカルトはこの問題の取り組むにあたって，まず，次のことを一般的規則として仮定する．「重さを持つすべての物体に重心があるように，同じ物体がそのうちの一点で吊るされた状態で運動している場合，その物体にはその揺れの中心(centre d’agitation)というものがある．そして，この揺れの中心が，吊るされている点から等しい距離にあるものはすべて，同じ時間の間にその往復運動をおこなう．ただし，これは，この比率のうちで空気の抵抗のせいで変化するものは除外するという条件のもとのことである[38]」．デカルトはこの仮定のもとで，剛体振子(複振子)の四つのケースをとりあげ，そのうちの二つのケースについては定量的解決を与えている．その一つは均質の厚みのない直線形の物体で，その一端が回転軸に吊るされているもの，もう一つは，均質の二等辺三角形で，その頂点が回転軸に吊るされ，その底辺が回転軸と平行な物体である．

さて，デカルトはどのような方法によってこの問題に取組み，そこからどのような解を得たのであろうか．デカルトの方法とは，複振子が振動によって描く形をした物体の重心を求め，それを複振子の振動中心(揺れの中心)と同一視して相当単振子の長さを求めるというものである．そうすると，第一の場合は，直線形の剛体が描くのは三角形であるから，三角形の重心を求めることになる．第二の場合は，二等辺三角形の剛体はその底辺が回転軸と平行な仕方で振動するので，それが描く形態は四角錐になるから，四角錐の重心を求めればよいということになる．そこでデカルトは，複振子の相当単振子の長さとして，第一の場合については剛体の長さの三分の二(2/3 h)を，第二の場合は三角形の高さの四分の三(3/4 h)を導出する．これらの数値は実際に，それぞれ三角形の重心から頂点までの距離と四角錐の重心からその頂点までの距離を表している．これらの数値は，相当単振子を求める公式を，このような特殊なケースに対して適用した場合に得られる数値に対応する．

というのも，この二つの場合は，相当単複振子の公式は，

$$l=\frac{\sum m\rho^2}{\sum m\rho}$$

(m，ρ，l はそれぞれ，複振子の各要素の質量，その要素の回転軸までの距離，相当単振子の長さ，である)

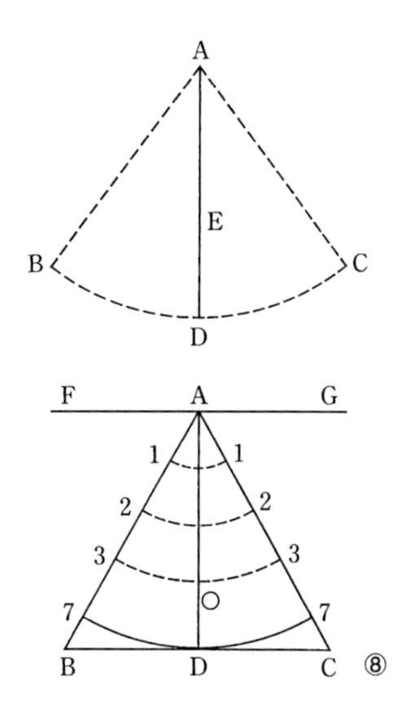

となり，これに従って解を求めると上のような値になるからである．したがって，この二つの場合は，デカルトの解は数値的に正しいということができる[39]．

デカルトはここでまた，複振子のあらゆる部分がもつ「揺れの力(force d'agitation)」という観念を導入して，この問題の自分の分析手法を説明している．それによると，この揺れの力というのは，複振子の各部分の物質量とその速度との積で，この場合はその速度は各部分と回転軸との距離に比例する[40]．そこで，デカルトの手法というのは，振動状態にある物体の各部分について，静止状態にある物体の各部分の物質量(m)に対応するものとして，各部分の物質量とその速度(すなわちそれの回転軸との距離)との積としての揺れの力(mρ)を考え，物体のあらゆる部分の揺れの力の中心を求めて，それが物体の振動中心に他ならないとするものである．この場合，物体のあらゆる部分の揺れの力の中心は物体が振動によって描く形態の物体の重心と重なる．この手法は，J.-L. ラグランジュの説明に従っていえば，「物体のあらゆる部分の揺れの力の重心を求める」というものである[41]．これは結局，現代の言葉でいえば，物体の重心を求める公式，

$$h = \frac{\Sigma m\rho}{\Sigma m}$$

において，質点の質量(m)の代わりに，物体の各要素の質量とそれの回転軸との距離との積(m ρ)を置くことに帰着する．そうすると，揺れの力の重心を求めるために次の数式を得る[42]．

$$h = \frac{\Sigma(m\rho)\rho}{\Sigma(m\rho)} = \frac{\Sigma m\rho^2}{\Sigma m\rho}$$

これは，デカルトが取り上げた先の特殊な場合に適用できる公式に他ならない．デカルトの手法はしたがって特殊な条件のもとではいちおう正当化できるものである．しかし，P. タンヌリが指摘しているように，この公式は，複振子の形が平面で，その平面に回転軸が含まれる場合にしか妥当しない．一般的に妥当する公式とは，

$$l = \frac{\Sigma m\rho^2}{\Sigma m\rho\cos\alpha}$$

（α は，物体の要素と回転軸との距離 ρ 含む方向が垂直方向となす角）

である[43]．しかし，この一般公式を得るためには，慣性モーメント(I

$=\sum m\rho^2$)のみならず，外力モーメント($-Mghsin\theta$)をも介入させなければならず，これはもちろん重力と，外力がその点に働くと見なされる複振子自体の重心に関わる[44]．デカルトのこの問題の分析では，これらの要素は考慮の対象となっていない．ラグランジュはその点を批判して，デカルトの手法について次のようにいっている．「〔デカルトは〕衝突ないし衝撃のモメントがその周りでは等しい衝撃の中心しか求めなかった．重さのある振子の真の振動中心を見出すためには，それによって振子が動く重力に関わる必要があったのである[45]」．

このように，この問題についてデカルトが残した成果は極めて限られたものであった．しかし，ここで注目しなければならないのは，デカルトが意識的に研究の範囲を，「形だけを検討することによって」振動中心を決定することができると思われる場合に限ったということである．この問題についてキャヴェンディシュ宛ての書簡でデカルトはこういっている．「私はただ，幾何学の規則によって振動中心を探すことに決めていました[46]」．

ところで，デカルトが幾何学の規則によって振動中心を見出すことができないと考える場合とは，空気抵抗が振子の運動に不可避的に関与すると考えられる場合である．この，無視することのできないような空気抵抗とは，デカルトによれば，「地のあらゆる物体の間隙の間に存在する微細物質」によって生じるものである．また，振子の各部分に対して外力としての重力を行使するのも微細物質である．そこでデカルトは，振動中心という局所的現象の探究に関してさえ次のように明言する．「重力の一般的効果とは，各々の物体の振動は天の物体の運動とある比例関係をもたなければならないということである[47]」．言い換えると，空気抵抗や重力を考慮にいれなければならないということは，その成因である天の微細物質の運動を考察の対象としなけばならないということになるのである．そうすると，振動中心を幾何学の規則によって数学的に探究するということは不可能ということになる．

ここで，デカルトは，彼が取り上げたような，物体と回転軸が同じ平面にある場合には，空気の抵抗はまったく問題とはならないが，一般的な場合，すなわち，複振子がそれを含む平面と直交する回転軸の周りを振動するような場合には，それは甚大であると考える．このためにデカルトは，振動中心をめぐる問題で，後者の一般的な場合を幾何学の規則による探究の対象とはしなかったのである．デカルトの空気抵抗についての見解は多少とも奇妙なものであるが，その要点は次のようなことである．すなわち，デカルトは，上の一般的な場合では，彼が取り上げた場合のように，複振子のすべての部分が同時に降下したり上昇したりするということはなく，各部分が方向を異にする複雑な運動を同時におこなうということを重視し，この各部分の多様で複雑な運動というものが微細物質による抵抗の介入を甚大にすると考えるのである[48]．

このようにデカルトは，振動中心の問題において，いくつかの特殊な場合を除けば，空気抵抗を純粋に偶然的な因子として最初から排除できるとは考えなかったのである．また，この問題において重力を考慮に入れるということは，微細物質の運動を介入させることになると考えて，その場合は問題はより複雑になると思ったのである．そこで彼は，結局のところ，複振子の振動中心の定式について，重力の作用あるいは空気抵抗を考慮にいれなければならない限りは，

「それは，推論によって決定できるものではなく，ただ実験によってのみ決定できることである」と宣言する[49]．そのような条件のもとでは，複振子の振動の問題は「純粋に事実問題である」と断言するのである[50]．

この自己限定的な方法論にさらに，もう一つ，デカルトが相当単振子の長さについての一般的定式を獲得するのを妨げた要因がある．それは，この章の第3節で述べたこと，すなわち，デカルトが，各々の物体において重心は一定の位置を占めるという考えを否定したことに関係する．ロベルヴァルが，振子の重心はそれの振動中心の決定に関与すると述べたのに対して，デカルトは，重心は重い物体において何か絶対的ものではなく，物体の状態に相対的なものであると主張する．デカルトによれば，重心は「それが指定される物体のすべての部分が均一に自由に落下するか，均一に〔落下しようとするのを〕妨げられるか，でないかぎり，重心とは称されえない」のである[51]．そこで彼は，複振子の一般的なケースのように，「運動物体のなかで，吊られる側が，他の側よりもより自由でない」場合は「その重心は位置を変え，振動中心と変わらなくなる」というのである[52]．ただし，この点についてはデカルトを弁明することはできる．というのも，デカルトの時代にあって，質点系においては，系を構成する質点が相互に作用しあう内力は「ダランベールの原理」に従って打ち消しあい，したがって系の重心は外力の作用によって位置を変えることはない，ということは知られえなかったからである．いずれにしても，デカルトは，一般的に重心が各々の物体において一定の位置を占めるとは見なさなかった．ところが，複振子の重心を固定されたものと見なさないならば，重心と回転軸との距離(h)に依存する外力のモメント(Mghsinθ)を計算することができない．この場合は相当単振子の一般式を獲得することは不可能である．

このような事情と根拠から，デカルトは，いくつかの特殊な場合を除いて，複振子の振動中心の問題は数学的推論による分析の対象にはできないと判断し，この問題は純粋に事実問題であるとして，実験によってしか決定できないと見なしたのである．ここでもまた，物体の自由落下の問題の場合と同様，デカルトの宇宙論的物理学のホーリズムが問題解決の障害となっているのを確認することができる．このホーリズムのために，複振子の振動中心という地上の極めて局所的な問題が宇宙の微細物質の運動と構造との考察から切り離されず，この問題をそれだけ取り出して理想化し，それに数学的操作を施すという方策が取られなかったのである．以上の分析から，デカルトの科学探究上の限界あるいは失敗は，デカルトがとりわけ自分の自然哲学の論理と科学方法論に一貫して忠実であったということによるということが理解されるであろう．

VI　デカルト自然学の批判的改編
――ホイヘンス，ニュートン，オイラーの場合――

1　ホイヘンスによるデカルト自然学の継承と改編

これまでにわれわれは，デカルト自然学の二つの側面，すなわち，それが古典力学の形成に寄与した側面と，古典力学の観点から見た限界と問題点とを解明した．そこで，この最後の章では，デカルトの後継者たちがどのようにして，デカルトの自然学に固有ないくつかの概念を修正したり退けたりして古典力学を確立するに至ったかを検討してみることにしよう．それは，この点を検討することによって，古典力学の見地からみたデカルト自然学の限界をさらに明らかにすることができると思われるからである．

デカルトの直後にあって，近代の物理学の形成に貢献した第一の存在はクリスチャン・ホイヘンスである．ホイヘンスは，振子の等時性や光の波動説の確立といった周知の業績のみならず，円運動の加速度や(完全弾性体の)衝突法則，相当単振子の長さという，デカルトが手がけながらもその定量的あるいは一般的解決に到りえなかった問題について正しい解決を与え，その後の物理学の発展におおいに寄与した．しかし，ホイヘンスは，彼の父(コンスタンチン・ホイヘンス)がデカルトの親しい友人という環境にあったということもあり，デカルトの自然哲学の影響を直接的に受けて，自然哲学上は基本的にデカルト主義を踏襲している.

ホイヘンスにおいて見られるデカルトの影響の第一は，彼の重力概念である．これは『光についての論考』に付された『重力原因論(*Discours de la cause de la pesanteur*)』のなかで展開されている．そこでホイヘンスはまず，宇宙を構成する物質として，一方で,「非常に小さな部分〔粒子〕からなり，あらゆる方向に大きな速度で様々な仕方で揺り動かされる流動的物質」というものを想定し，他方で,「それよりもずっと粗大な部分，あるいは，全体が引っ掛かりあった小さな部分〔粒子〕の集塊からなり，上述の流動的物質の高速の運動についていけない物体」というものを考える[1]．そうして，彼は，デカルトとまったく同様に，重力を，前者の流動的物質がそれよりずっと粗大な後者の物質に対して，それを地球の中心の方へ押しやろうとして働かす圧力と解する．このようにホイヘンスは，重力の原因についての機械論的説明に執着し，その点で，重力の原因の探究を放棄し，それを遠隔力としての引力から引き出すことで満足したニュートンと好対照をなすのである.

さらに，光の本性について，ホイヘンスは，一般に光の波動説の創始者といわれるように，光の波動性とその伝播の構造についての明確な概念を提示したのであるが，その考えは，光の本性は物体の移動ではなく波動に特有な作用の伝播であるとする点で，デカルトの考えを発展させたものである．デカルトによれば，光の本性は，恒星を構成する第一元素がそれの円運動にともなう遠心力によって天の微細物質に与える圧力の伝播に帰着する．そこでデカルトは，注目すべきことに，光の様々な属性のうちに，波動の二つの基本性質をあげている．その第一は，「光は光体と呼ばれる物体の回りのあらゆる方向に環状に拡がるということ」，そして光線の多くが，「ある同一の点から発して，異なった諸点に向かいうる」ということである．第二は，「光線は，異なった点からやってきて，異なった点へと向かい，同一の点をお互いに妨げあうことなく通過しうる」ということである．これはまさしく波動の本質を構成する基本性質に他ならない．デカルトは光の本性について，これ以上に掘り下げた数学的解明は示してはいないが，はっきりと波動説を提出しているのである[2)]．デカルトの自然学はしばしば，いわゆる「粒子論哲学」の原型と見なされるために，彼が光の本性に関して波動説を先取していたことは余り注目されてはいないが，この点は明らかなのである．

デカルトはただ，『屈折光学(*Dioptrique*)』では，屈折現象を説明するためにモデルとして球(balle)を用いており，これは一見して，デカルトは光の粒子説も採用していたということを示すように思われる．しかし，そのようなモデルをそこで用いているのは，その試論の目的が光の本性を説明することにあるのではなく，屈折光学の枠内であくまで屈折現象を扱うことにあるからである．デカルトは実際にこの試論の冒頭で次のように明言している．「ここで光について話をする機会を持とうというのは，ただ，光線がどのように眼に入るか，それが出会う様々な物体によってどのように方向を変えられうるのか，を説明するためだけであるから，本当のところ光の本性は何であるかをいおうとする必要はないし，〔その説明のために，偽な前提でも役にたつということで用いる天文学者のように最も便利だと思われるやり方で，〕光を理解するのに助けとなる二，三の例を使えば十分であろうと思う[3]」. しかも，こう断りながら，『屈折光学』においても光の本性について触れるときには，光は「物体の運動ではなくむしろ作用であり」，それが微細物質のなかを通過する場合に，球とは違って，「微細物質のいくらかをその場所から追い出す必要はない」と述べ，さらに，発光体からはあらゆる方向に光線が発し，またそれらの光線は互いに妨げあわないという，波動の基本性質を挙げているのである[4]. したがって，デカルトが『屈折光学』で光のモデルとして球を用いているということは，デカルトが光の本性について波動説をとっていることに抵触するものではないのである.

さて，ホイヘンスはまず，デカルトと同様に，光とは，極めて微細な物質が発光体を非常な速度で揺り動かし，「その発光体をそれを囲む回りのエーテル粒子に対してぶつからせる」ことであると解する[5]. そこでさらにホイヘンスは，「こうして物質に刻印された運動は継起的であり」，したがってそれは「球状の波の伝播(球面波, propagation des ondes sphériques)」であるということを明らかにする[6]. そこから彼はいわゆる「ホイヘンスの原理」を提示し，光の波動説を確立するのである.

これらの点に加えてさらにもう一つ，ホイヘンスが，自然哲学上，デカルトの路線を継承したと思われ事情がある．それは，ホイヘンスがある時期，物体の自由落下の問題の研究においてデカルトの方針に従ったと思われる形跡がある，ということである．実際に，1659年の2月24日付けの手稿で，彼は，球形の物体の空気中での自由落下の速度は，それの重さをその表面積で割ったものに比例するという考えを表しているのである．これはまさしく，デカルトが，微細物質で充満する宇宙を物体が運動する場合にその物体がもつ「堅固さ(soliditas)」というものの説明において提示した考えに他ならない[7]．ホイヘンスは同じ考えを『遠心力論(*De vi centrifuga*)』の初めの箇所でも再現させており，そこでは，一方で，限られた条件のもとではガリレオの自由落下の定式を受け入れながらも，一般的な，空気中での物体の落下の場合については次のように表明する．「私の見るところ，どれほど大きな鉛球であろうとも，それは空気中を落下し続ければ，ついには一様な運動状態に達する――もちろんかなりの距離を通過した後のことなのであるが――．そうするとこの場合には，加速度の法則は成立しないことになり，その結果，この法則は実際のところは絶対的な厳密さではけっして守られないということになる[8]」．

このホイヘンスの考えは，デカルトがこの問題に関して，若い時にベークマンとの共同研究の際に受け入れた真空の存在と一様加速度の仮定を放棄し，そのうえでデカルト自身の見解として主張した考えと同じものである．デカルトとホイヘンスは，この問題について真の実在的な法則を打ち立てるためには，宇宙を満たす微細物質という媒体，より具体的には空気の抵抗のなかでの物体の運動を考えなければならないという点で一致している．その結果，両者とも，物体の自由落下において一様加速度運動は厳密には認められないという判断をくだすのである．このように，ホイヘンスは，宇宙の構造に関わる一般的現象を検討する場合には，デカルトと同じ自然哲学を共有する．その点は，彼が『光についての論考』の冒頭部分で表明する次のような考えに如実に表れている．それによれば，「真の哲学」とは，「自然のあらゆる結果の原因を機械論的論拠によって把握する」もののことである.「私の意見では，このことこそを行わなければならない．さもなければ，自然学においていつか何ごとかを理解しようという望みをいっさい放棄しなければならない[9)]」.ホイヘンスが，デカルトから引き継ぐ自然哲学ないし科学方法論は，ニュートンのそれとはっきりと対立するものである.

ところがホイヘンスは，重力や光の本性といった宇宙の構造に関わる問題についてはデカルトの自然哲学を踏襲しながらも，デカルトの自然学を特徴づける他のいくつかの概念についてはこれをはっきりと排除する．その第一が，地上の諸現象の力学における質量の概念である．前章でみたように，デカルトは質量概念について固有の考えをもっていた．それによば，物体の現実の質量(慣性質量)は物体の物質量のみならずその表面積にも本質的に関わるものであり，しかも物体の重さ(重力質量)はその物質量といつも比例関係にあるのではないと考えられる．したがって，物体の質量をその物質量によってのみ規定することはできず，またそれを物体の重さによって表現することも許されない．これに対してホイヘンスは，青年期からすでにこのデカルトの考えには従わない．ホイヘンスはまた，地上の局所的な現象の具体的な問題の分析においては，地上の諸現象の動力学的問題も常に宇宙の全体系に関係づけよと命じるデカルトのホーリズムに従わない．ホイヘンスは地上の局所的な現象の分析においては，物体の質量をその重さと同一視し，微細物質の圧力に起因するとされる重力の概念を介入させることはしないのである.

例えば，『遠心力論』でホイヘンスは，紐に吊りさげられた物体の重力の効果を数学的に分析し，ついで遠心力の問題を検討しようとする際に，重力の原因というものを全面的に棚上げして次のようにいう．「この傾向〔落下の傾向すなわち重力〕は，現に存在する限り，いかなる原因から生ずるのかということは重要でない[10]」．同じ取り組み方は，『振子時計(*Horologium oscillatorium*)』においても確認できる．ホイヘンスはこの論考の第二部の第二仮説でこういっているのである．「さて，重力の作用によって――その重力がどんな原因に由来しようとも――物体は，それのある方向への一様運動と，重力による上から下へと向かう運動とから合成された運動によって運動することになる[11]」．このようにホイヘンスは，地上の局所的な問題については，重力の原因というものを考慮の外に置いて，むしろ現象論的な手法によって探究を進めるのである．

しかも，ホイヘンス自身，表面積に関係せず，重さと事実上等価のもの，ないし比例するものとしての質量の概念を提示している．第一に，『遠心力論』において，遠心力の分析から次のような，質量とそれの遠心力との関係についての結論を引き出している．「〔重さは〕異なるが，同じ円周に沿って同じ速度で動いている運動物体の遠心力は，その物体の重さすなわち固体量に比例する[12]」．ここで，ホイヘンスは一方で，固い物体の量をそれの重さ(重力)と同一視するとともに，他方で，その重さは，物体が円運動する場合には，それの遠心力に比例すると考えている．言い換えると，この考えは，物体量は事実上重さと同一であり，物体が運動をおこなう場合に，(この円運動のように)その加速度が一定の場合は，その物体量は外力に比例する，ということを意味するものと解される．このことから，ホイヘンスが古典力学の見地での正確な質量概念を把握していたことが了解される(ここで付言しておくならば，ホイヘンスが円運動の加速度を数学的に明らかにしたのはこの論考(1659年)においてである．それももちろん，ニュートンとは独立に，しかも同じ時期におけるニュートンの円運動についての前述の分析よりもずっと洗練された仕方によってである[13]）．さらにホイヘンスは，「重さ〔重力〕について(*De gravitate*, 1668)」という論文で，この点を明確にして次のように述べている．「それぞれの物体はその物体を構成する物質の量に従う重さをもつ．……そのことは，物体の重さの割合に正確に従う衝突の結果から分かる[14]」．

このように，ホイヘンスは，物体の重さ(重力)は物体の物質量に比例しないとするデカルトの質量概念を退ける．そこでホイヘンスにとっては，物体の物質量(慣性質量)をその重さによって算定し，質量を表面積に関わらず，その重心に集中させるということが可能になる．注目すべきことに，ホイヘンスは，ほとんどデカルトの路線に従って論述を展開する『重力原因論』のなかでも，物質量の概念についてはデカルトの概念を受け入れず，「物体の重力〔重さ〕は物体を構成する物質の割合に正確に従う[15]」という点を強調している．質量や重さというものについてのこのような理解によってホイヘンスは，一方で宇宙の構造に関わる問題についてはデカルトの宇宙論的自然学に与しながらも，他方で質点力学の形成に貢献することになるのである．

それだけではない．デカルトが特殊な場合についてのみ解答を与えた相当単振子の長さの問題について一般的な解決を与えたのはホイヘンスであるが，その場合に彼は，重力の原因を微細物質の圧力とするデカルトの考えを介入させることなく，質点力学の手法で問題にあたっている．その問題の分析でホイヘンスは，質量を表面積

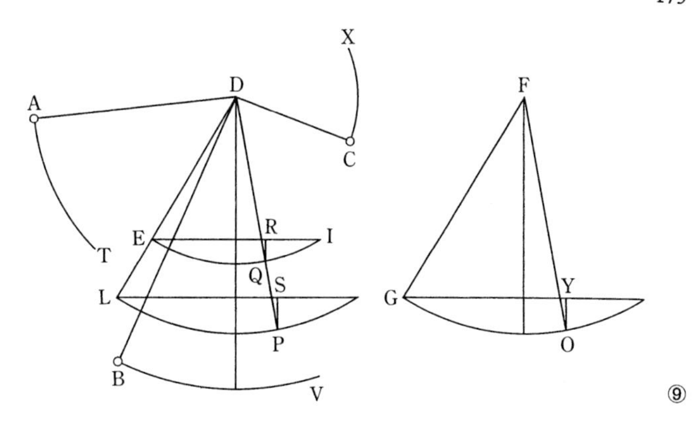

⑨

に関わるものと考えたり，重力の結果としての「天の物体〔微細物質〕の運動とのある関係」を考慮にいれることなく，複(剛体)振子を，重さをもった微小球体すなわち質点の集まりから構成されたものと見なし，複振子の振動をそれらの質点の落下や上昇の運動に帰着させている．実際に，ホイヘンスが複振子の振動を検討するために取り上げているものとは(図⑨参照)，「振子を構成し，点Dを通り，ここに見られる平面と直交すると想定された軸に吊るされた錘(しかも，その形や大きさは考察せず，ただその重さだけを考察するところの錘[16])」である．

さらにホイヘンスは，ラグランジュの的確なコメントを借りていえば，これらの錘の運動とその重心について，次のような原理を措定している．「任意の仕方で振子に結びつけられた錘が，重力〔重さ〕の作用だけで落下するとし，任意の瞬間に，それらの錘が解き離たれてお互いにバラバラになるとすると，おのおのの錘は，その落下によって得た速度で，次のような高さにまで，すなわち，それらの共通の重心が，そこから落下したのと同じ高さにまで上昇するようになる，そのような高さにまで上昇しうるであろう[17]」．前章でみたように，デカルトは，各々の物体(質点系)において重心が占める位置は一定であるという考えを否定したため，このホイヘンスの考えを把握する術がなかった．ホイヘンスはこの考えを論証なしに提示している．しかし，この考えはホイヘンスの後継者によって正当化され，ダランベールによって決定的なしかたで論証された．その証明の核心は，すでに触れたように，質点系を構成する質点において生じる内力は相互に打ち消しあうために，質点系の重心の位置は変わらないということである．換言すれば，系を構成する各々の物体が，一定の加速度を与える力によって作用を受ける場合，系の重心は，それらの物体が自由であるとした場合にその重心が描くのと同じ軌道を描く．ホイヘンスが相当単振子の長さの正確な一般定式に至ったのはこの手法によってである[18]．

ホイヘンスはこうして，質点のみならず質点系の力学の形成にもつながる道を切り開いた．ホイヘンスは，デカルトがおこなったように，宇宙論的物理学を支えるホーリスティックな論理に常に従うのではなく，デカルトの自然哲学を宇宙論的レベルにおいては継承しながらも，地上の局所的な現象の分析においては，それに即した力学的概念と手法に従い，古典力学の確立におおいに貢献したのである．ホイヘンスは，探究の対象ないしレベルによって分析の手法を使い分けるという柔軟な科学方法論を持ち合わせていたのである．

2　デカルトの自然哲学に対するニュートンの批判

デカルトの自然哲学を最も体系的に批判したのはいうまでもなく

ニュートンである．ニュートンは前述のように，青年期においては明らかにデカルトの『哲学の原理』の影響を受け，それをベースとして彼の力学の形成に向かったのであるが，デカルトの自然学のうちの自然法則や円運動の分析は発展させながらも，もう一つの柱である宇宙論的物理学の方ははっきりと退けることになった．ニュートンは，デカルトの『哲学の原理』の宇宙論的自然哲学を排除して，万有引力の概念を核心とした天体力学を作り上げ，それに代わる『自然哲学の数学的原理(プリンキピア)』という物理体系を提示したのである．

ニュートンによる，デカルトの自然哲学に対する最も根本的な批判は，デカルトの自然学に最も特徴的なテーゼ，すなわち延長空間と物質との同一化(「物質即延長説」)に対するものである．それはまず，前述の『雑記帳』や円運動の分析が記されているラテン語の断片が書かれた時期に近い頃，1664 年から 1668 年にかけて書かれたと思われる『流体の重力と等しい重さについて(*De gravitatione et aequipondio fluidorum*)』と題される手稿に登場する．その批判はしかも，注目すべきことに，デカルトの「永遠真理創造説」にも及ぶのである．ニュートンは実際にそこで次のように述べている．「われわれはいかなる基体もなしに存在する延長というものを，ちょうど，世界の外なる空間や物体のない空虚な場所を想像する場合のように，明晰に理解することができる．……そしてわれわれは，神が万一何らかの物体を消滅させるとしても，その物体とともに延長も消え去ると考えることはできない[19]」．ニュートンはしたがってここではっきりと，デカルトの「永遠真理創造説」を退ける．すなわち，われわれが延長を把握するところならどこでも，「そこには必然的に物体が存在する」と主張し[20]，「神が何も創造しなかったとするならば，空間もまったく存在することはなかったであろう[21]」と断言する説を退けるのである．ニュートンにとっては，延長とは，「何らかの基体に内在する付帯的なもの」として創造されたものであるどころか，「神からの流出の結果(effectus emantivus Dei)」なのである[22]．ニュートンはこのように，「永遠真理創造説」と「物質即延長説」という，デカルトの自然学の形而上学的基礎でありその根幹である説を受けつけないのである．このことからすでに，両者の自然哲学が根本的に異なるものとなるということは容易に推察できる．

このようにしてニュートンは，延長空間を物質から区別し，それに創造されざる永遠の存在という性格を付与する．このことは，物質と独立の絶対空間というものが措定されうるということを意味する．ニュートンは，運動を人間の方で指定されたある基準点のもとでの物体のある位置から他の位置への相対的な移動と定義するデカルトの見地を排し，運動を絶対空間ないし不動の一点との関係で規定できる見地を設定する．ニュートンはデカルトと異なり，物体の単なる相対的位置変化としての運動ではなく，「物理的で絶対的な運動」を定める必要性を強調するのである[23]．このような絶対空間や絶対運動の概念は，周知のように，『プリンキピア』の初めの「定義」において最終的に措定される．

ところで，空間が物質から峻別され，絶対空間というものがいったん措定されると，物体の形や表面積あるいは物体を取り囲む物質の近接作用は，物体の運動の規定に本質的に介入することはなくなる．というのも，物体の運動の本質的な規定は，物体の形態や物体の周りの物質構造との関係においてではなく，絶対空間との関係において一義的におこないうることになるからである．この絶対空間の措定はまた，ニュートンにおいて，物体の質量(慣性質量)を決定するには表面積をも算定にいれなければならないとするデカルトの質量概念をも排除することになる．

まず第一に，ニュートンは，『プリンキピア』の「定義」の第一で，質量を物質量と言い表し，それを密度と体積の積と規定している．そして同時に，振子による実験を根拠にして，物質量は重さ(pondus)に比例すると明言している[24)]．この，質量と重さとの間の比例関係が確認されることによって，物体の慣性質量をその物体の重さによって測ることが可能になり，それとともに，物体の全質量をそれの質量中心に集中させ，そこに物体の全重量がかかると考えることができることになる．つまり，物体の運動をある重さをもった質点の運動とみなすことが可能になる．いずれにしても，このようなニュートンの質量概念によって，デカルトのように，物体の質量を決定するのにそれの表面積をも考慮にいれなけれならないと考える必要はまったくなくなるのである．

このようなニュートンの質量概念はまた当然，重力を初めとして外力は物体の表面に作用するとする考えも退けることになる．外力は質点ないし質量中心に働くとする考えを採るならば，外力が作用を与える表面というものを考慮にいれる必要は本質的になくなるのである．実際にニュートンは，有名な「我は仮説を作らず」という文章が見受けられる『プリンキピア』の「一般的注解(Scholium generale)」のなかで，暗々裏にデカルト学派に言及しながら次のようにいっている．「重力は……太陽や惑星の中心にまでその力をいっさい減じることなく進入する力に起因し，その力は，(機械論的原因が普通そうであるように)それが働く粒子〔物質の小部分〕の表面の量に応じてではなく，固い物質の量に応じて作用する[25]」．この点についてニュートンは，印刷された『プリンキピア』には登場しないものの，この箇所に対応する手稿のなかで，「というのも，この〔重力の〕作用はあらゆる物体において物質量に比例するからである」と付け加えている[26]．ニュートンはこのようにして，デカルトの自然学を構成する基本概念のいくつかを排除し，重力のような外力は質点あるいは重心に直接的に作用すると考え，その考えを一つの柱とする彼の力学を構築したのである．

さらに，重心の概念について付言するならば，いわゆる「重心運動の保存則」を確定したのはニュートンである．ニュートンは『プリンキピア』のなかの「運動法則」の系4で，彼自身の「作用・反作用の法則」に依拠して，次のような内容の定理をたてた．すなわち，「いくつかの物体の重心の静止状態あるいは運動状態は，それらの物体の間の相互の作用によっては，それがどのようなものであれ，けっして変容されることはない．したがって，どのような仕方であれ相互に作用しあう物体の重心は，外的な作用あるいは障害が何もなければ，常に静止状態にあるか，あるいは直線上を一様に運動する〔慣性運動をおこなう〕」(この定式はラグランジュによる[27])．そして，このニュートンの定理は，先述のように，ダランベールによって拡大され，質点系の各々の物体が一定の加速度を与える力(加速力)によって作用を受ける時には，その質点系の重心は，それらの物体が自由である(拘束をうけない)場合にその重心が描くのと同じ軌道を描く，というようにまとめられることになった．このような質点力学の発展によって，物体(質点系)はそれの重心に集約されることになり，その運動は重心の運動と見なしうることになったのである．

以上のことから，古典力学の質点力学への発展がいかにデカルトの物理学との乖離を決定的なものとしたかが理解されるであろう．また，ニュートンにより，遠隔作用としての万有引力の法則が設定されたことによって，デカルトの近接作用としての重力概念が決定的な仕方で退けられることになったのはいうまでもない．そのことはまた，物体の自由落下のような地上の現象でさえも，天の微細物質の圧力としての重力の作用に関わるかぎり，宇宙の全体系に関係づけようとするデカルトの宇宙論的自然学の排除を意味する．絶対空間と質点の概念とが体系の核心をなすニュートンの力学では，物理学の探究において宇宙論的考察を介入させる必要はなくなるのである．

3　オイラーのデカルト主義とニュートン力学の発展

われわれは，デカルトの自然学の特質と限界を解明するために，それをホイヘンスとニュートンの自然哲学あるいは力学の概念と対置してみた．最後にL. オイラーに触れておくことにしよう．オイラーは，いうまでもなく，ニュートンの後に科学史に登場し，ダランベールやラグランジュとともに解析力学を形成した人物であるが，その自然哲学や科学論は，ニュートンのいわゆる「実験哲学」ないし「帰納主義」が浸透しつつあり，「啓蒙の時代」に入りつつあった当時の大陸において特異なものである．というのも，オイラーは，ロックやコンディヤックの影響のもとに実証主義的な科学論を鮮明に打ち出したダランベールと違って，一方で解析力学の創始者でありながら，他方でいわば「遅れてきたデカルト主義者」であり，自然哲学や科学論上ではなおデカルトの考えを引き継いでいるのである．そこで，オイラーの自然哲学あるいは力学観に注目することは，デカルトの自然学と古典力学との関係を見きわめるうえで，おおいに参考になると考えられるのである．

まず第一に注目すべきことは，オイラーは，ニュートンの『プリンキピア』の天体力学が定着しつつあった状況にありながら，デカルトとホイヘンスの路線の宇宙論的物理学の構想に与していたということである．オイラーは実際に真空を否定している．それは彼が宇宙全体が微細物質(エーテル)によって満たされていると想定するからである[28)]．また重力についても，ニュートンの引力概念に従わず，デカルトやホイヘンスと同様に，それを宇宙の微細物質の粗大物質に対する圧力に起因させている[29)]．さらに，光の本性についてもオイラーは，ニュートンの粒子説には立たず，デカルトに発しホイヘンスによって確立された波動説に立脚して，波動説の発展におおいに貢献している．オイラーは，光を発光体の流出ではなく，エーテル物質の振動とみなし，「振動数」という概念を導入して，光は周期をもった波動(周波)の伝播であるという点をはっきりさせたのである[30)]．その他にオイラーは，磁気現象の説明についても，デカルトの渦動説の構想に従っており，それを，彼が「磁気渦動(tourbillon magnétique)」と呼ぶものによって展開しているのである[31)]．

オイラーはこのような点でデカルトの路線を踏襲する．そして，その自然哲学あるいは認識論そのものにおいてもデカルト主義の見地を確認できる．まずオイラーは，『ドイツ王女への書簡(1768-1772年)』において，物体の本質について「幾何学において延長の概念から引き出される属性はすべて，物体においても，物体がすべて延長せるものである限り，見出されるのでなければならない」[32]と断言する．このテーゼはまさに，第Ⅲ章第3節でデカルトの「第六省察」から引用した次の文章，すなわち「一般的にいって〔幾何学のような〕純粋数学の対象のうちに把握されるものはすべて，それら(物体的事物の)うちに〔そのとおりに〕存在する」[33]を想起させる．デカルトの場合と同様に，オイラーの科学探究は，人間知性によって数学の領域において理解されるものはすべて延長を本質とする物理的対象において見出されるはずであるという確信に支えられているのである．またオイラーは，物体的事物の存在についても，外なる物体的事物の独立存在について抱いているわれわれの確信が，われわれの知識の一つの根拠となっていると考える．オイラーはそう考えることによって，「物質的事物の存在を全面的に否定し，その観念しか認めない」バークレーに代表される観念論者にはっきりと反対するのである[34]．

オイラーはとくに，「観念論者の見解の論駁」という『ドイツ王女への書簡』で，観念論論駁の議論を展開する．そのタイトルは，後のカントの『純粋理性批判』の第二版に挿入された有名な一節(「観念論論駁」)を連想させるものである．その議論の要点とは，感覚の機能に留意し，「感覚というものは，これらの〔観念論の〕哲学者が考える以上の何ものかを含んでいる」という点を指摘することにある．オイラーによれば「感覚というのは，単に，脳において形成されるある種の印象の知覚というものではない．それは，魂に単に観念を提供するだけではなく，魂に，魂の外に存在する対象を実際に表象するのである[35]」．換言すると，「感覚は単に，脳の一部分において被る変化に関するある種の表象を提供するだけでなく，……それはまた，われわれの魂において，感覚がわれわれに提示する観念に対応する実在的な事物がわれわれの外に現に存在するという確信をも喚起するのである[36]」．オイラーはこのように，われわれの外なる物質的事物の存在についての確信を外的感覚経験に基づけ，その経験は，われわれの内的経験におけるある種の変容や印象には還元できない要素を含むということを指摘する．そうして，外なる物質的事物についてのわれわれの確信を正当化する．このような，物質的事物の存在についての観念論を論駁する議論を展開することによって，オイラーはまた，ダランベールに代表される実証主義者や経験論者に対しても反対することになる．ダランベールは物質的事物の存在証明についてはっきりと懐疑的見解を表明していたのである[37]．

オイラーの，物質的事物の存在についての観念論者や経験論者に対する論駁の議論は，デカルトの「第六省察」ほど論証的でもないし厳密でもない．しかしオイラーは，物理的自然についての認識論あるいは存在論に関して，われわれの外なる物質的事物の存在の確信に基づく物理的実在論をはっきりと支持する点で，デカルト主義の見地にはっきりと与するのである．そして，デカルトと同様に，物質的事物の存在の確信をわれわれの外的感覚経験の特質によって正当化するのである．

オイラーのデカルトとの親近性は，これらの点において確認できる．しかし，オイラーの科学的業績や力学観はもちろん，このような側面からのみ説明できるものではない．周知のように，ニュートンの運動の第二法則に対して解析的(微分の)定式を初めて与えたのはオイラーである．また，運動方程式を「無限小の物体，あるいはその全質量がある唯一の点に集約される物体」に対して適用することによって，質点力学を最終的に確立したのもオイラーである[38)]．このような，オイラーを質点の解析力学の創始者たらしめる側面は，上で確認したデカルトの自然哲学との親近性とどのように整合的に両立するのであろうか．

オイラーは，先に指摘したデカルトとの繋がりにもかかわらず，力学理論に関する二つの本質的な点でデカルトの自然哲学を離れて，明確にニュートンの観点に立つ．オイラーは，デカルトによる延長空間と物質との同一化を認めず，また表面積をも算定にいれるべきであるとする彼の質量概念も受け入れないのである．

まず第一に，『自然学序説(*Anleitung zur Naturlehre*)』という書物で，オイラーはデカルトに言及し，その「物質即延長説」に対して次のように異議を呈する．「あらゆる物体はまったく疑いなく延長するものであるが，そのことから，延長するものはすべて物体となるということは帰結しない[39)]」．オイラーによれば，物体を空間から区別するのは物体の可動性である．あらゆる物体は可動性を備えているが，空間自身が可動性を備えているとはいえないのである[40)]．このことからオイラーは，デカルトの「物質即延長説」に反対し，延長空間を物体自体からは独立のものと見なす．オイラーにとって真空の否定は，デカルトの場合のように，延長空間と物質との同一化を帰結しないのである．

このように空間を物体自体からは切り離すことから，オイラーはまた，ライプニッツの空間概念をも念頭において，空間を「共存する物体の関係ないし秩序」に還元することに反対し，絶対空間の実在性を認める．この点のオイラーの主張は「空間と時間についての考察」(1750 年) という論文で展開されている[41]．これは，カントにおいて，『純粋理性批判』のアプリオリな感性形式としての空間概念に発展する重要な考察を促した有名な論文である．オイラーが絶対空間を実在として受け入れなければならないとする根拠は次のような点にある．

第一に，オイラーは，空間は物体自身からは切り離されるとする考えに従って，物体が占める場所(位置)と，物体自身に属する限りにおける狭い意味での延長とを区別する．オイラーによれば，「〔場所は〕物体に属する規定ではない．なぜなら，物体全体をそれに属するあらゆる量〔物体の延長を含めて〕とともに取り去っても，場所は残るからである」．言い換えれば，「延長は物体に属し，物体とともに，それのある場所から他の場所への運動によって移動するが，これに対して，場所や空間はいかなる運動も受けつけないのである[42]」．このように，オイラーにおいては，場所や空間は，物体に属する延長とは異なるものとして把握される．したがってそれは，物体の位置変化としての運動の相対的性格を免れた絶対的身分をもつものと考えられるのである．この点について，繰り返せば，デカルトにおいても，物体に属する個別的延長と，物体の形や大きさとしての空間あるいは物体が諸物体の間で占める位置としての場所とは使い分けられる．しかし，デカルトの場合は，両者の相違は着眼点の相違に他ならず，物体の本性を構成している個別的延長と空間の本性を構成している延長ないし物体の占める場所とは本性的に同一であると考えられる．そのために，オイラーと異なって，デカルトにおいては，場所や空間も物体自体の延長から本質的に区別されず，したがって物質そのものと異なるものではないということになる．

第二に，オイラーは，力学的に，慣性法則そのものが絶対空間の存在を論理的に要請すると考える．というのも，オイラーによれば，慣性法則というのは「同じ方向の一様運動の保存」ということを含意するのであるから，この法則の妥当性を主張することは，「方向の同一性」を常に確証できるということを認めることになる．しかし，方向の同一性の確証は，それとの関係で運動する物体の方向を確定できる絶対的な不動の場所ないし空間を仮定することなしには不可能である[43)]．換言すれば，ある物体の運動が慣性運動であると認めることは，その物体が，ある不動の空間と一定の関係を保っているということを認めることであり，不動の絶対空間を要請することなのである．つまり，慣性法則を力学の原理として立てるということ自体が，絶対空間の存在すなわち絶対静止座標系の存在を論理的に必要とするのである．このように，オイラーは，絶対空間の存在を，古典力学の運動の第一法則に基づき，そこから論理的に帰結させた．オイラーは，絶対空間を，ニュートンのように，一方的に措定したり神からの流出ないし神の感官として形而上学的に位置づけるのではなく，またその後のカントのように，認識論的に人間の感性一般に備わっているアプリオリな形式とみなすのでもなく，力学的に，古典力学の基礎を構成する慣性原理を根拠づけるために論理的に必要とされるものとして，その存在を主張したのである．

このような絶対空間の措定によって，オイラーは，物体の運動の分析においては，彼が他方で与しているデカルトの宇宙論的物理学の論理を必要としなくなる．物体の運動の様態は絶対空間との関係で一義的に確定されうるのであり，それは物体を囲む宇宙の物質構造との相関関係において考察される必要はないのである．オイラーにおいては，延長空間と物質との同一化というデカルトのテーゼを否定し，絶対空間を仮定することによって，力学上の問題をニュートン力学の見地から分析することが可能となったのである．

さらに，オイラーの重力と質量の関係についての考えも，デカルトのものとは軌を一にしていない．前述のように，オイラーは，重力を，一方で，デカルトが考えたように，微細物質の圧力に起因するものと考えたのであるが，他方で，それは「粗大物質から構成された限りでの物体」にのみ作用するとし，物体の重さがその粗大物質の量すなわち質量に比例するという点をはっきりさせている[44]．彼はこの点で，外力は物体の表面に作用し，質量は物体の物質量のみならず表面積にも関わるとしたデカルトの見解は受け入れていないのである．オイラーはしたがって，デカルト自身よりはむしろホイヘンスの路線上にある．彼はそのような枠組みにおいて，物体の全質量が質点あるいは重心に集約されていると見なして，物体の運動に「解析学」を適用し，質点の解析力学を推進したのである[45]．このようにオイラーは，力学上の問題に数学的解析の手法を適用する際には，デカルト自然学の基本概念には従わず，そうして多くの数理物理学上の業績をあげたのである．オイラーは，宇宙論や自然哲学上ではデカルトの路線を多分に継承しながらも，物質と空間の関係あるいは重力の作用や質量の概念においてはデカルトの見解を退け，そのことによって，ニュートン力学の進展におおいに貢献することになったのである．

さて，今や，デカルトが，一方で古典力学の礎石となるものを提供しながら，なぜ，他方で，古典力学の完成に向かう方向からそれることになったのかということを了解しうる地点に達した．ニュートンの力学は，絶対空間を物質と物質の振る舞いとから独立の枠組みとして措定する．この絶対空間は，ニュートン力学では，慣性法則の普遍的妥当性を根拠づけるための絶対慣性(静止)座標系という役割を担う．ニュートン力学に従って，直線慣性運動をそのようなものとして同定しうるためには，それ自身は不動の慣性座標系が要請されるからである．言い換えれば，慣性座標系の措定と慣性法則とは不可分の関係にあり，この二つが連動しあってニュートン力学の枠組みを構成する[46]．またこの絶対空間は，古典力学においては，もう一つの絶対的な役割を担う．それは，この慣性座標系としての空間は，すべての物体に対して絶対的な基準系として関与しその運動を統括するが，しかし物体の側からはどんな反作用も受けないということである[47]．ニュートン力学においては，あらゆる物質から独立の，絶対不動の基準系としての慣性座標系が措定されており，これとの関係において物体の運動を確定的に記述することができる．したがって，この力学に従えば，物体の運動の確定的な記述のために宇宙の物質構造や分布あるいはその生成過程を考慮に入れる必要はない．物理現象を本質的で絶対的な相において捉えるということは，諸現象を物質を欠いた空虚な絶対空間において理解するということであり，そのためには，宇宙の物質構造や生成過程はむしろ捨象しなければならないのである．

また，物体の理解については，古典力学に従えば，物体の質量は，物体の重さに事実上比例するものであるために，物体の形や表面積に本質的に関係なく，それの重心に集中したものとして理解される．また，この力学では，物体を原理的に多くの質点からなるものとみなし，物体の運動の記述のためにはそれらの質点の重心の運動を取り上げればよいと考えられる．そこで，重力の作用を質点あるいは質点系の重心に集中させることができる．この力学では，「本質的なことは，実験をおこなう主体からは独立のものと理解される物理的実在とは，少なくとも原理的には，一方で空間と時間とからなり，他方で，恒常的に存在し〔絶対〕空間と〔絶対〕時間との関係で運動する質点とからなるものと解されるということである[48]」．この古典力学による物理的対象の理解に従えば，物体の運動の考察において，物体に対してその表面を介して行使する他の物体の近接作用というものを本質的に考慮にいれる必要はなく，ましてや物体を取り囲む宇宙の物質状態というものを考える必要もない．このような古典力学の，質点という概念を核心とした物質理解によれば，物理現象の分析を宇宙の物質構造についての宇宙論的考察に関係づけるなどということは論外ということになる．

このような古典力学の基本的枠組みが，デカルトの「物質即延長説」を根幹とするホーリスティックな「宇宙論的物理学」の構想とは相容れないということはもはや明らかであろう．デカルトの宇宙論的物理学の見地は，このような古典力学の発想とは対照的な関係にある．

第一に，延長空間と物質との同一化は，いっさいの物質から独立で物質の運動に対してその絶対的な基準系という役割を果たす絶対空間の措定を許さない．そこで，そのような絶対基準系というものが考えられないために，物体の運動を個々独立に絶対的な観点のもとで記述することはできなくなり，物体の運動をすべて，物体を取り囲む他の物質と相対的に検討しなければならないということになる．したがって，デカルトの枠組みでは，宇宙の物質の構造や分布あるいは生成過程は，物体の運動にとって単なる偶然的な要素であるどころか，その確定に本質的な仕方で関わるものとなる．デカルトのホーリスティックな自然学は，地上の物理現象の分析を世界の全体系についての宇宙論的考察から切り離すことを許さないのである．

第二に，デカルトによれば，このような「物質即延長説」に基づく宇宙論的自然学の枠組みにあって，物体の質量(慣性質量)の理解においては表面積を本質的に算定にいれなければならないとされる．さらに，重力は，宇宙の微細物質が地の物質の表面に対して作用する圧力に帰せられ，重力の本性の理解は宇宙の微細物質の運動の理解，したがって宇宙の全体系の理解から切り離されえないと考えられる．これに加えて，デカルトにおいては，各々の物体において重心の位置は一定であるという考えが受け入れられない．これらの考えはすべて，デカルトの自然学の根幹をなす「物質即延長説」から論理的に引き出された帰結である．しかし，こういった考えのゆえに，デカルトは，物体の運動を質点の運動あるいは質点系の重心の運動と理解することができなかった．これらの考えのために，デカルトの自然学は，ニュートンの力学から質点の解析力学へと進む古典力学とは方向を初めから異にするものとなったのである．

結び　デカルト自然学の価値と射程

デカルトは多くの点で近代物理学の形成に寄与した．この学問の構築に対する彼の貢献は，とりわけ概念的・理論的レベルにおいては否定しようもない．デカルトは伝統的なアリストテレスの自然学を体系的に解体し，新しい自然哲学を打ち立てた．しかし彼の貢献はこのレベルにとどまるものではない．近代の物理学は，慣性の正確な概念や円の合成という革新的な考えをデカルトに負う．近代の力学の基礎を構成するこれらの概念が，デカルトによって洗練され提示されたということは，同じ時期にガリレオがなおも．古代以来の宇宙の秩序という観念や円運動を一様でかつ単純な運動とする観念から抜け切れずにいたということを考慮すれば，さらに注目に値する．

しかし，デカルトの自然哲学は，一方で新しい自然学の体系の設定を可能にしたものの，他方でニュートン力学の確立に至る途とは異なる方向の自然学をもたらすことになった．宇宙論的自然学というホーリズムの見地が，デカルトの物理学上の探究に枠組みを与え，これが地球上での力学の問題を扱う際にも宇宙全体を構成する物質の様態を考慮に入れることを余儀なくさせた．このホーリスティックな見地を堅持したために，デカルトは，研究対象に対して境界設定を施し，それに近似操作を適用するという感覚を持ちえなかった．このような感覚がデカルトにあったならば，自然現象の探究において研究領域を画定し，そこで無視することが許される要素は捨象するといった方策が可能となったであろう．そうして少なくとも，物体の自由落下のような地球上の現象については，ある近似条件のもとで数学的に解明するということができたであろう．しかし，あくまで宇宙論自然学というホーリスティックな構想のもとでアプローチしようとした結果，自然現象を全体として数学的に表現し確定するということが，デカルトには不可能となった．なぜなら，デカルト自身が認めているように，そこで考慮に入れられるべき宇宙の物質の様態は，デカルトの時代にあってはとても数学的推論の及びうるものではなかったからである．これに対し，ニュートン力学の方は，文字通りに数学的な物理学を確立するために，宇宙の物質構造についての宇宙論的考察とは独立に地球上の現象を探究しうる枠組みを求め，それを正当化するような自然哲学を採ったのである．絶対空間を措定するニュートンの自然哲学は，そのような要求を満たすものであった．近代物理学の発展の初期段階にあって，デカルトの自然学は，その宇宙論的自然学というホーリスティックな構想のゆえに，数学的物理学に十分に転化しうるものではなかったのである．

こうしてデカルトの宇宙論的自然学は，本質的なところで古典力学によって退けられた．しかしながら，現代の物理学はデカルトの宇宙論的自然学をその理念において復活させたように思われる．デカルトの自然学の中心理念とは，繰り返していえば，空間を物質と同一視し，そうして地球上の現象を「宇宙の全体系」に関係づけるように要求するものである．この宇宙論的自然学の論理によってデカルトは，物体の慣性や速度や加速度はすべて，物体の運動状態とその物体を囲む天の微細物質の運動と相対的なものであると考えた．この考えはわれわれには現代の宇宙論，とりわけ「マッハ原理」と呼ばれる現代の宇宙論上の指導的原理を理念的に先取したものであるように思われる．この原理は周知のように，「あらゆる質量，あらゆる速度，したがってまたあらゆる力は相対的なものであり」，それゆえ「力学のすべての基本法則は物体の相対的位置と相対的運動に関する経験なのである[1]」と主張する．それでマッハは「地球上の物体の地球に対する振る舞いは，その物体の遠く離れた天体に対する振る舞いにまで遡ることができる[2]」と考える．したがって，マッハ原理は，物体の空間における運動を分析するときには「宇宙全体」を考慮に入れよと命ずるのである[3]．われわれには，この原理をデカルトの宇宙論的自然学の指導的原理に結び付けることが許されるように思われる．

ところで，マッハがニュートンの絶対運動や絶対空間の概念を批判するのは，他ならぬこのホーリスティックな原理によってである．周知のようにニュートンは，バケツの回転によってバケツのなかの水に生ずる遠心力が，絶対運動の存在を証拠づけると考えた．ニュートンは，円運動における遠心力の産出によって円運動を絶対運動だと見なしうるというのである．しかし，マッハによると，物体の運動は常に物体を囲む他の物体との関係において理解され決定されなければならない．したがって，マッハにとっては，周りに何も存在しないところでは物体の運動はどんなものであれ想定することはできない．そこで，ニュートンのバケツの場合，遠心力が生ずるのは宇宙を構成する他の物体に対するバケツの相対的な回転によってであるということになる．そうすると，宇宙全体がバケツと一緒に回転すると想定した場合，その際にも遠心力がバケツの水に生ずるとは誰も断言できないことになる．なぜなら，このような想定のもとでは，宇宙を構成する他の物体に対するバケツの相対的な回転はないことになるからである．マッハによれば，ニュートンのように絶対運動の存在を挙げることによって絶対空間の存在を証明しようというのは悪循環に陥らざるをえない．換言すると，ニュートンは，宇宙の物質構造を考察する宇宙論から地上の物理学を切り離し，それを絶対化するために絶対空間を措定したのに他ならないのである[4)]．

マッハはこのような見地から，その宇宙論的原理に合致した科学方法論を，認識論のレベルで彼が採る現象論の立場（感覚的要素の一元論）とは奇妙にも矛盾する仕方で提示している．マッハは次のようにいっている．「われわれは個別的要素についての研究から始めなければならないが，だからといって自然は個別的要素とともに始まったわけではない[5)]」．自然は全体系としてあるのであり，ただわれわれはそれを初めから全体系として扱うことができないので，探究の当初においては便宜的に個別的な事象の検討から始めなければならないのである．しかし，最終的には個別的な事象を全体系との関係において理解しなおさなければならない．そこでマッハによれば，「より一般的な経験というものは，われわれに与えられてある特殊な経験から構成することはできない」ので，「われわれの物理学的天文学的知識を拡大することによって．……そのような経験が与えられるのをむしろ待たなければならない[6)]」．そうして，すでに与えられてある，われわれの周りの現象についての知識を修正していかねばならない．このマッハの科学方法論はわれわれが先の章で言及したデカルトの科学方法論と本質的に異なるものではない．地球上の個別的現象の確定的な記述は，宇宙論的規模の実験と知識とを待って行わなければならない，というのがデカルトの方法論的意識であったからである．

現代の物理学はわれわれに，マッハ原理に基づく見地がとりわけ宇宙論の研究において新しい進路を切り開いたということを教えている．この見地においては，宇宙の構造と生成の歴史は，地球上の現象の分析によって確立された自然法則からの帰結として理解されるのではなく，逆にそれらの法則の原因として理解される[7]．宇宙の物質の分布と構造に関する宇宙論的理論の方が，地上の現象についての法則を十全に説明することになるのである．このことがいったん認められるならば，現代の物理学はデカルトの宇宙論的自然学の理念と論理とを復活させたといってよいと思われる．

最後に，アインシュタインの言葉を引用することによって，本書を締め括ることにしたい．アインシュタインがわれわれに教えるところによれば，ニュートン力学の絶対空間と質点の概念が最終的に乗り越えられたのは「一般相対性理論」における「場」の概念の登場によってである[8]．この点について彼は，デカルトに言及して次のようにいっている．「デカルトが空虚な空間というものを排除しなければならないと考えたとき，彼は真理からそう遠くにはいなかった．……しかし，デカルトの考えの真の核心を示すためには，一般相対性原理と一つになった，実在を表現するものとしての場の観念が必要である[9]」．彼はまた他のところで次のようにもいっている．「もし場についての法則が不変であるということが分かるならば，すなわち，もしその法則が座標系の選択に依存しないのならば，独立の絶対空間というものの導入はもはや必要でなくなる．そうすると，実在の空間的特性を構成するものとしては4次元という性格しか残らなくなる．その場合，空虚な空間というものは存在しない[10]」．こうして絶対空間は物理法則の不変形式によって取って代わられた．デカルトは自然法則の妥当性を根拠づけるのに，ニュートンのように絶対空間に訴えるのではなく，神の作用の不変性に訴えた．これに対して現代の物理学は，われわれは自然法則の不変性の根拠を物理体系自体のうちに見出しうるということを教えているのである．

注

1) 本文および注の中の引用箇所に関して，邦訳のあるものについては適時参照し，以下の注で書名と該当箇所を指示しておいたが，引用訳文は，特に断りのない限り，筆者の責任によるものである.
2) 本文中の傍点は，これも特に断りのない限りは，筆者によるものである.
3) 以下の注の中の，略号 A. T. は，*Œuvres de Descartes*, publiées par Ch. Adam et P. Tannery, Paris, 1897-1909, réédition Vrin-C. N. R. S., 1964-1974, 11 vol. の略で，ローマ数字は巻を示す.

序　論

(1) Lettre à Mersenne, le 15 avril 1630, A. T. I, p. 144.

(2) Lettre à Mersenne, le 25 novembre 1630, A. T. I, p. 182.

(3) Lettre à Mersenne, le 15 avril 1630, A. T. I, pp. 144-145.

(4) Lettre à Mersenne, le 11 novembre 1640, A. T. III, p. 233.

(5) Lettre à Mersenne, le 28 janvier 1641, A. T. III, pp. 297-298.

(6) Descartes, *Préface à la traduction française des Principia*, A. T. IX, p. 14. 邦訳(井上庄七・小林道夫編訳「『哲学の原理』仏訳序文」『デカルト』科学の名著，朝日出版社，1988年，21-22頁).

(7) Lettre à Mersenne, le 28 janvier 1641, A. T. III, pp. 297-298.

(8) Descartes, *Principia Philosophiae*, Pars II, a. 64, A.

T. VIII-1, p. 78. 邦訳(井上庄七・小林道夫編訳『哲学の原理』,『デカルト』科学の名著，朝日出版社，1988年，99頁).

I 『規則論』の過渡的思想

(1) Descartes, *Regulae,* A. T. X, p. 378. 邦訳(野田又夫訳『精神指導の規則』岩波文庫，1974年，30頁).

(2) *Ibid.*, pp. 384-385. 邦訳39-40頁.

(3) *Ibid.*, pp. 456-457. 邦訳125-126頁.

(4) *Ibid.*, pp. 463-464. 邦訳133-135頁.

(5) Descartes, *La Géométrie*, A. T. VI, p. 370. 邦訳(原亨吉訳『幾何学』デカルト著作集第1巻，白水社，1973年，3頁).

(6) *Ibid.*, pp. 442-444. 前掲邦訳51-52頁. Cf. J. Vuillemin, *Mathématiques et métaphysique chez Descartes*, P.U.F., 1960, pp. 112-119.

(7) Aristoteles, *Analytica posteriora*, ch. 10, 76a31-b12.

(8) *Ibid.*, ch. 7, 75a38-75b20.

(9) J. Tricotによる仏語訳のなかの次の注釈を参照. Aristote, *Les Seconds Analytiques*, Vrin, 1974, ch. 7, p. 45, note 3.

(10) Aristoteles, *Metaphysica*, 1026a25-a28. Cf. W. D. Ross, *Aristotle's Metaphysics*, vol.1, Oxford, 1924, pp. 356-357; J. Vuillemin, *De la logique à la théologie: cinq études sur Aristote*, Flammarion, 1967, pp. 34-43, pp. 225-229; G. G. Granger, *La théorie aristotélicienne de la science*, Aubier-Montaigne, 1976, pp. 284-309.

(11) ユークリッド『原論』(池田美恵訳),『ギリシアの科学』世界の名著，中央公論社，1972年，302頁.

(12) Aristoteles, *Metaphysica*. 992b23-b24.

(13) *Ibid.*, 1088a23. 邦訳(出隆訳『形而上学』下，岩波文庫，1961年)，224頁より引用.

(14) *Regulae*, A. T. X, p. 381. 前掲邦訳36頁.

(15) *Ibid.*, pp. 412-414. 邦訳73-76頁.

(16) *Ibid.*, p. 415. 邦訳76-77頁.

(17) *Ibid.*, pp. 416-417. 邦訳 78 頁.

(18) *Ibid.*, p. 441. 邦訳 106 頁.

(19) *Ibid.*, p. 445. 邦訳 111 頁.

(20) *Ibid.*, pp. 442-443. 邦訳 108 頁.

(21) Aristoteles, *De Anima*, 424a20. Cf. *De Memoria*, 450a30. そこでアリストテレスの挙げているのは, 指輪がその形を蠟に刻印する例である.

(22) *De Anima*, 428b10; *De Memoria*, 450b25.

(23) *De Memoria*, 450a10-a30.

(24) *De Anima*, 431b2.

(25) *Ibid.*, 429b30-430a5.

(26) *Ibid.*, 431a15; *De Memoria*, 449b211.

(27) Thomas Aquinas, *Summa Theologiae*, Pars I, q. 84, a. 7.

(28) *Regulae*, A. T. X, p. 419. 前掲邦訳 80 頁.

(29) *Ibid.*, P. 418. 邦訳 79 頁.

(30) *Ibid.*, p. 382. 邦訳 37 頁.

(31) *Ibid.*, p. 418. 邦訳 79 頁.

(32) *Ibid.*, p. 420. 邦訳 82 頁.

(33) Aristoteles, *Metaphysica*, 1012a1-a5, 1051b18-b28. この点でトゥリコの仏訳のなかの注釈を参照. J. Tricot, *Aristote: La Métaphysique,* 2 vol., tome 1, pp. 236-237, note 3; tome 2, pp. 524-525, notes.

(34) *Ibid.*, 1051b25-b28.

(35) このアリストテレスの「単純で非複合的なもの」についてトゥリコは, 下記の, アリストテレス『形而上学』1012a1-a5 の部分に対する注釈で, まさしく, デカルトの『規則論』XII における「単純本性」の概念との関連を指摘している. J. Tricot, *Aristote: La Métaphysique*, tome 1, pp. 236-237.

(36) E. Gilson, *Index scolastico-cartésien*, Vrin, 2e édition, 1979, pp. 52-53 (a. 84-a. 86), pp. 200-201 (a. 312-a. 313).

(37) Aristoteles, *Metaphysica*, 1077b1.

(38) *Ibid.*, 1078a9-a11.

(39) *Ibid.*, 1077b12-b14.

(40) *Regulae*, A. T. X, p. 376. 前掲邦訳28頁.

(41) *Ibid.*, p. 419. 邦訳80頁.

(42) *Ibid.*, p. 422. 邦訳83頁.

(43) *Ibid.*, pp. 412-413. 邦訳75頁.

(44) Descartes, *La Dioptrique*, A. T. VI, pp. 130-131. 邦訳(青木・水野訳『屈折光学』デカルト著作集第1巻，白水社，1973年，146-147頁).

(45) *Ibid.*, p. 112. 邦訳，136頁参照.

(46) *Ibid.*, p. 112. 同. Cf. *6ᵉ Resp.*(『第六答弁』)，A. T. VII, pp. 437-438. そこでデカルトは感覚の確実性には三つの程度があるとし，その第三のものに，われわれが感覚器官のうちに生じた印象や運動を機会として，われわれの周りのものについておこなう(知性の)判断を挙げている．それは感覚対象の大きさや形，距離についての知覚のことなのであるが，これについてデカルトは，それは習慣的には感覚に帰属されているものの，実は知性にのみ依存した判断に他ならないと述べている.

II　永遠真理創造説

(1) Lettre à Mersenne, le 8 octobre 1629, A. T. I, p. 25.

(2) Lettre à Mersenne, le 13 novembre 1629, A. T. I, p. 70.

(3) Lettre à Mersenne, le 15 avril 1630, A. T. I, p. 144.

(4) *Ibid.*

(5) Lettre à Mersenne, le 25 novembre 1630, A. T. I, p. 182.

(6) *6ᵉ Resp.*, A. T. VII, p. 440. 邦訳(河西章訳『第六答弁』デカルト著作集第2巻，白水社，1973年，501頁).

(7) Lettre à Mersenne, le 15 avril 1630, A. T. I, p. 145.

(8) *Ibid.*

(9) *Ibid.*

(10) Lettre à Mersenne, le 15 avril 1630, A. T. I, p. 146.

(11) *Ibid.*

(12) Lettre à Mersenne, le 27 mai 1630, A. T. I, p. 153.

(13) *Ibid.*, pp. 151-152.

(14) *6ᵉ Resp.*, A. T. VII, p. 436. 前掲邦訳 497 頁.

(15) Lettre à Mersenne, le 31 décembre 1640, A. T. III, p. 274.

(16) Lettre à Mersenne, le 27 mai 1630, A. T. I, pp. 152-153.

(17) *Entretien avec Burman*, A. T. V, p. 160. 邦訳(三宅・中野訳『ビュルマンとの対話』, 前掲デカルト著作集第 4 巻, 360 頁).

(18) Lettre à Mesland, le 2 mai 1644, A. T. IV, p. 118.

(19) *6ᵉ Resp.*, A. T. VII, p. 432. 前掲邦訳 494 頁.

(20) Lettre à Mersenne, le 15 avril 1630, A. T. I, pp. 145-146.

(21) Lettre à Mesland, le 2 mai 1644, A. T. IV, pp.118-119. この点を現代の様相論理学に訴えて表現すれば次のようになる. 第一に様相論理の標準的な S4 体系の特質は Lp≡LLp をたてることであるが, デカルトはT体系に適合する LLp→Lp だけを認め, その逆は受け入れない(「命題 p が必然であれば, 命題 p が必然であることは必然である」ということはない). 第二に, 同様にして, LMp≡Mp の代わりに, LMp→Mp のみを認めて, その逆は否定する(「命題 p が可能であるならば, 命題 p が可能であることは必然である」ということはない). すなわち, ある命題について, その命題が実際に人間に認識される場合の様相を離れて, その様相が絶対的に必然であるというようなことはいえないと考えられる. (この点 J. Vuillemin, *Nécessité ou contingence: l'aporie de Diodore et les systèmes philosophiques*, Les Editions de Minuit, 1984, p. 390, note 100, 参照). むしろデカルトの形而上学からすれば, 人間にとっては必然的な数学的真理や自然法則も, 神にとっては, 他様にも創造しえた偶然的(contingent)なものでしかない. 人間にとっての認識上あるいは事実上の必然性ないし不変性は, 形而上学的, 概念的偶然性に従属するものなのである.

(22) Lettre à Mersenne, le 18 décembre 1629, A. T. I, p. 86. Cf. Lettre à Mersenne, le 29 juillet 1648, A. T. V, p. 224.

(23) Lettre à Mersenne, le 15 avril 1630, A. T. I, p. 140.

(24) Descartes, *Le Monde*, A. T. XI, pp. 31-32. 邦訳(神野慧一郎訳『世界論』,『デカルト』世界の名著, 中央公論社, 1967年, 97頁).

(25) M. Gueroult, *Descartes selon l'ordre des raisons*, tome 1, Aubier-Montaigne, 1955, p. 381.

(26) Lettre à Mersenne, le 15 avril 1630, A. T. I, p. 146.

(27) Descartes, *Principia*, Pars I, a. 22, A. T. VIII-1, p. 13. 前掲邦訳, 36頁; *ibid.*, a. 24, p. 14. 邦訳37頁; G. Rodis-Lewis, *L'Œuvre de Descartes*, tome 1, Vrin, 1971, p.135. 邦訳(小林道夫・川添信介訳『デカルト哲学の著作と体系』紀伊國屋書店, 1990年, 147-148頁); *Descartes: textes et débats*, Le Livre de Poche, 1984, pp. 326-328, pp. 383-384.

(28) *Le Monde*, A. T. XI, p. 47. 邦訳111頁.

(29) *Ibid.*

(30) *Ibid.*, p. 36. 邦訳103頁.

(31) *Ibid.*, p. 35, p. 47. 邦訳102頁, 111頁.

(32) Descartes, *Discours de la méthode*, A. T. VI, p. 41. 邦訳(野田又夫訳『方法序説』,『デカルト』世界の名著, 前掲, 195頁).

(33) *Ibid.*, p. 43. 邦訳196頁.

(34) *Ibid.*, p. 38. 邦訳193頁.

(35) *Ibid.*, p. 39. 邦訳193頁.

(36) Lettre à Mersenne, le 27 mai 1638, A. T. II, p. 138.

(37) Lettre à Mersenne, le 6 mai 1630, A. T. I, pp. 149-150.

(38) *Discours de la méthode*, A. T. VI, pp. 63-64. 前掲邦訳211頁. ロディス＝レヴィス教授は, 教授自身による *L'Œuvre de Descates* のなかの永遠真理創造説の意味を解明した箇所で, この『方法序説』第六部の文章に言及しているが, それをこの説を直接的に表現しているものとは受け止めていないように思われる. 同教授によれば，ここでは可能的な存在も神の自由に従属しているという考えは明確にはなっていないのに対して，『哲学の原理』の第一部第 24 節では，この永遠真理創造説がはっきりと言い表されているというのである (G. Rodis-Lewis, *op. cit.*, 1971, tome 1, pp. 132-135. 前掲邦訳，146 頁; *op. cit.*, 1984, pp. 326-331). しかし，この『方法序説』の文面にも，「存在するもの，あるいは存在しうるものすべて(tout ce qui est, ou qui peut être)」という表現があることと，「神がそれを創造した」というのは，「神がその存在するもの，あるいは存在しうるもののすべてを創造した」ということを意味するということから，この文面に『哲学の原理』第 24 節の内容と同じものを読み取ることに問題はないのではないかと考えられる.

(39) Descartes, *Meditationes*, A. T. VII, p. 40. 邦訳(井上庄七・森啓訳『省察』,『デカルト』世界の名著，前掲，260 頁).

(40) *Ibid.*, p. 71. 邦訳 290 頁.

(41) *Ibid.*, p. 78. 邦訳 296 頁.

(42) *Ibid.*, p. 80. 邦訳 298 頁.

(43) *2ᵉ Resp.*, A. T. VII, p. 169. 邦訳(所雄章訳『第二答弁』, 前掲デカルト著作集第 2 巻，205 頁).

(44) Lettre à Mersenne, le 31 décembre 1640, A. T. III, p. 274.

(45) *Principia*, Pars I, a. 60, A. T. VIII-1, p. 28. 前掲邦訳 52-53 頁.

(46) *Le Monde*, A. T. XI, pp. 35-36. 前掲邦訳 102 頁.

III 自然学の基礎づけとしての『省察』

(1) Lettre à Mersenne, le 11 novembre 1640, A. T. III, p. 233.

(2) Lettre à Mersenne, le 28 janvier 1641, A. T. III, pp. 297-298.

(3) *Meditationes*, A. T. VII, pp. 24-25. 前掲邦訳 244-245 頁.

(4) *Ibid.*, p. 27. 邦訳 247 頁.

(5) *Ibid.*, pp. 27-28. 邦訳 248 頁.

(6) *Ibid.*, p. 28. 邦訳 248 頁.

(7) 本書第 I 章 21 頁参照.

(8) Thomas Aquinas, *Summa Theologiae*, Pars I, q. 84, a. 7; q. 87, a. 3. Cf. E. Gilson, *Le thomisme. Introduction à la philosophie de saint Thomas d'Aquin*, 6e édition, Vrin, 1972, pp. 278-279.

(9) *Entretien avec Burman*, A. T. V, p. 149. 前掲邦訳 343 頁.

(10) *Meditationes*, A. T. VII, p. 34. 前掲邦訳 254 頁.

(11) *Principia*, Pars I, a.11, A. T. VIII-1, p. 8. 前掲邦訳 30 頁.

(12) *Meditationes*, A. T. VII, p. 31. 前掲邦訳 252 頁.

(13) *Ibid.*, p. 31.「結局私はこう認める他はない，この蜜蠟が何であるかを，私はけっして想像するのではなく，ただ精神によってのみ捉えるのである，と」邦訳 251 頁; p.34.「物体自体が私に知られる時，本来は，感覚や想像力によってではなく，ただ知性によってのみ把握されるのである」. 邦訳 254 頁.

(14) *2e Resp.*, A. T. VII, p. 160. 前掲邦訳 196 頁.

(15) *Ibid.*

(16) *5e Resp.*, A. T. VII, pp. 363-364. 邦訳(増永洋三訳『第五答弁』，前掲デカルト著作集第 2 巻，439 頁).

(17) *Ibid.*, p. 387. 邦訳 463 頁.

(18) *Meditationes*, A. T. VII, p. 35. 前掲邦訳 255-256 頁. この点，詳しくは拙著『デカルト哲学の体系——自然学・形而上学・道徳論』，勁草書房，1995 年，第二部第三章第一節を参照されたい.

(19) *Meditationes*, A. T. VII, p. 40. 前掲邦訳 265 頁.

(20) *1e Resp.*, A. T. VII, p. 107. 邦訳(宮内久光訳『第一答弁』，前掲デカルト著作集第 2 巻，135 頁).

(21) *Ibid.*, pp. 102-103. 邦訳 130-131 頁.

(22) *Ibid.* 邦訳 131 頁.

(23) *Ibid.*, p. 108. 邦訳 136 頁.

(24) *2ᵉ Resp.*, A. T. VII, pp. 134-135. 前掲邦訳 165 頁.

(25) *Ibid.*, pp. 164-165. 邦訳 200-201 頁.

(26) *4ᵉ Resp.*, A. T. VII, p. 238. 邦訳(広田昌義訳『第四答弁』, 前掲デカルト著作集第 2 巻, 287 頁).

(27) *Ibid.*, pp. 238-244. 邦訳 287-293 頁. 特に, p. 244. 邦訳 293 頁.

(28) *Entretien avec Burman*, A. T. V, p. 148. 前掲邦訳 341 頁.

(29) *Meditationes*, A. T. VII, p. 43. 前掲邦訳 263 頁.

(30) *Ibid.* 同上.

(31) *Ibid.*, p. 45. 邦訳 265 頁.

(32) *Ibid.* 同上.

(33) *Ibid.* 同上.

(34) *Ibid.*, cf. *Entretien avec Burman*, A. T. V, p. 153. 前掲邦訳 350 頁.「事物自体においては, 神の無限の完全性の方がわれわれの不完全性よりも先である. なぜなら, われわれの不完全性は神の完全性の欠如であり否定であるからである」.

(35) *Ibid.*, p. 47. 邦訳 267 頁.

(36) *5ᵉ Resp.*, A. T. VII, p. 365, pp. 370-371. 前掲邦訳 441 頁, 446-447 頁.

(37) このような, デカルトにおける, 因果性の原理の適用に伴う, 有限と無限との間の存在論的不均衡(disproportion), あるいは非対称性については次の書物を参照. J. Vuillemin, *Mathématiques et métaphysique chez Descartes*, P.U.F., 1960, pp. 120-127; *La philosophie de l'algèbre*, P.U.F., 1962, pp. 25-28. 著者はこの本で, このデカルトの形而上学に特徴的な側面をデカルトの数学上の比例論と対置させて浮き彫りにしている.

(38) *Meditationes*, A. T. VII, pp. 48-50. 前掲邦訳 267-271 頁.

(39) *1ᵉ Resp.*, A. T. VII, p. 109. 前掲邦訳 136 頁.

(40) *Ibid.*, p. 111. 邦訳 138 頁.

(41) *Ibid.*, pp. 109-111. 邦訳 136-138 頁.

(42) *4e Objec.*(『第四反論』), A. T. VII, pp. 208-213. 前掲邦訳 254-260 頁.

(43) *4^e Resp.*, A. T. VII, p. 244. 前掲邦訳 293 頁.

(44) *Ibid.*, p. 238. 邦訳 287 頁.

(45) *Ibid.*, p. 241. 邦訳 290 頁.

(46) *Ibid.*, p. 237. 邦訳 290 頁.

(47) *1e Resp.*, A. T. VII, p. 111. 前掲邦訳 138 頁.

(48) *Principia,* Pars I, a. 51, A. T. VIII-1, p. 24. 前掲邦訳 48-49 頁.

(49) *1e Resp.*, A. T. VII, p. 119. 前掲邦訳 146 頁. Cf. 仏訳, A. T. IX, p. 94.

(50) M. Gueroult, "La vérité de la science et la vérité de la chose dans les preuves de l'existence de Dieu," in *Etudes sur Descartes, Malebranche, Spinoza et Leibniz*, Olms, 1970, p. 47.

(51) *2e Resp.*, A. T. VII, p. 167. 前掲邦訳 203 頁. Cf. *Principia*, Pars I, a. 16, A. T. VIII-1, pp. 10-11. 前掲邦訳 33 頁.

(52) *Meditationes*, A. T. VII, p. 67. 前掲邦訳 286 頁.

(53) *1e Resp.*, A. T. VII, p. 106. 前掲邦訳 134 頁.

(54) *Ibid.*, pp. 106-107.

(55) 作出原因というものが，スコラ神学者における創造の概念の洗練において果たした役割については，E. Gilson, "Pour l'histoire de la cause efficiente," in *Etudes médiévales*, Vrin, 1983, pp. 167-191 を参照. ジルソンによれば「もし，作出原因が形而上学者の管轄に属し，作動原因が自然学者の管轄に属するのであれば，第一動者の存在証明は自然学的証明である. それは，それ自身が存在の原因であるところの第一存在の認識に直接的に導きはしない」(p. 182).「実体の存在の全体の産出を，その質料としたがってそのエッセの産出をも含めて説明するためには，第一原因の作出性が単に作動的な原因の作出性を越えるのでなければならない」(p. 189). そうであるなら，デカルトは，作出原因性を自然学的レベルからは独立なわれわれの内なる観念に適用し，しかも永遠真理創造説を主張することによって，自然学的レベルと形而上学的レベルとの区別を徹底したのみならず，「無からの創造」の概念を極めたということになる．

(56) Leibniz, *Discours de métaphysique*, a.28, éd. L. Prenant, Aubier-Montaigne, 1974, p. 187. 邦訳(西谷裕作訳『形而上学叙説』，ライプニッツ著作集第8巻，工作舎，1990年，193頁).

(57) Leibniz, *Monadologie*, a.43-a.45, éd. L. Prenant, *op. cit.*, p. 402. 邦訳(西谷裕作訳『モナドロジー』，ライプニッツ著作集第9巻，工作舎，1989年，224-225頁).

(58) *Principia*, Pars I, a. 28, A. T. VIII-1, pp. 15-16. 前掲邦訳39頁.

(59) Lettre à Mersenne, le 28 janvier 1641, A. T. III, p. 297.

(60) *Meditationes*, A. T. VII, p. 53. 前掲邦訳273頁.

(61) *Ibid.*, p. 62. 邦訳281頁.

(62) *Ibid.*, p. 70. 邦訳289頁.

(63) *Ibid.*, p. 71. 邦訳289頁.

(64) M. Gueroult, *Descartes selon l'ordre des raisons*, *op. cit.*, tome 1, p. 32.

(65) *Meditationes*, A. T. VII, p. 72. 前掲邦訳290頁.

(66) *Ibid.*, p. 71. 邦訳290頁.

(67) *Ibid.*, p. 73. 邦訳292頁.

(68) *Ibid.*, p. 78. 邦訳297頁.

(69) *Ibid.*, pp. 78-79. 邦訳296頁，p. 80. 邦訳298頁.

(70) *Ibid.*, p. 79. 邦訳297頁.

(71) *Ibid.*

(72) *Ibid.*, p. 80. 邦訳298頁.

(73) D. Hume, *Treatise of Human Nature*, edited by L. A. Selby-Biggs, second edition with text revised and notes by P. H. Nidditch, Oxford Univ. Press, 1978, pp. 165-166. 邦訳(木曽好能訳『人間本性論』第1巻，法政大学出版局，1995年，194-197頁).

(74) *Ibid.*, pp. 194-204. 邦訳 226-237 頁. この点については前掲拙著『デカルト哲学の体系——自然学・形而上学・道徳論』第二部第六章第六節においてより詳しく論じておいたので参照されたい.

(75) *Meditationes*, A. T. VII, p. 79. 前掲邦訳 298 頁.

(76) *Ibid.*

(77) D. Hume, *Treatise of Human Nature*, *op. cit.*, pp. 190-193. 前掲邦訳 221-226 頁.

(78) Descartes, *Lettre-Préface à la traduction française des Principia*, A. T. IX, pp. 9-10. 邦訳 18 頁.

IV デカルトの自然学と古典力学の形成

(1) *Principia*, Pars II, a. 11, A. T. VIII-1, p. 46. 前掲邦訳 68 頁.

(2) Lettre à Mersenne, le 27 mai 1638, A, T. II, p. 138.

(3) *Principia*, Pars II, a. 9-a. 14, A. T. VIII-1, pp. 45-48. 前掲邦訳 67-70 頁.

(4) *Ibid.*, a. 13, p. 47. 邦訳 69 頁.

(5) *Ibid.*, a. 13. A. T. VIII-1, p. 47. 邦訳 70 頁.

(6) *Ibid.*, Pars I, a. 55. A. T. VIII-1, p. 26. 邦訳 50 頁.

(7) *Ibid.*, Pars I, a. 57. A. T. VIII-1, p. 27. 邦訳 51 頁.

(8) *Ibid.*, Pars II, a. 21, A. T. VIII-1, p. 52. 邦訳 74 頁.

(9) *Ibid.*, a. 22, p. 52. 邦訳. 74 頁.

(10) *Ibid.*, a. 24, p. 53. 邦訳. 75 頁.

(11) *Ibid.*, a. 24-25, p. 53. 邦訳 75-76 頁.

(12) *Ibid.*, a. 13, p. 47. 邦訳 70 頁.

(13) *Ibid.*, Pars III, a. 19 f., p. 86 f. 前掲邦訳 106 頁以下.「以上のことから次のことが帰結する. すなわち, 地球においても, 他の遊星においても本来の意味での運動は見出されない, ということ. なぜなら, 地球や遊星は, それらに直接隣接している天の諸部分の傍らから——これらの部分が不動と見なされる限りにおいて——移動したりはしないからである」(p. 28).

(14) *Le Monde*, A. T. XI, p. 40. 邦訳 106 頁.

(15) *Principia*, Pars II, a. 27, A. T. VIII-1, p. 55. 前掲邦訳 77 頁.

(16) *Ibid.*, a. 36, p. 61. 前掲邦訳 83 頁.

(17) *Ibid.*, a. 37, p. 62. 前掲邦訳 84 頁.

(18) *Ibid.*, a. 39, pp. 63-64. 邦訳 85-86 頁.

(19) *Ibid.*, a. 41, p. 65. 邦訳 87 頁.

(20) *Ibid.*, a. 47, a. 49, p. 68. 邦訳 90 頁.

(21) この点についてより詳しくは，拙著『デカルト哲学の体系——自然学・形而上学・道徳論』，前掲第三部第一章第 1-2 節参照.

(22) 同書，第三部第一章第 1 節参照.

(23) 同書，第三部第五章第 1 節参照.

(24) 同書，第三部第一章第 2 節参照.

(25) F. Alquié, *Œuvres philosophiques de Descartes*, tome 3, Garnier, p. 188, note; A. Gabbey "Force and Inertia in the 17th century," in *Descartes: Philosophy, Mathematics and Physics*, ed. by S. Gaukroger, Harvester Press.

(26) Lettre à Huygens, le 18 ou 19 février 1643, A. T. III, p. 619.

(27) *Le Monde*, A. T. XI, p. 45. 前掲邦訳 99 頁.

(28) *Ibid.*

(29) *Ibid.*, pp. 45-47; *Principia*, Pars II, a. 39, A. T. VIII-1, pp. 63-64. 前掲邦訳 85-86 頁; Pars III, a. 57-59, pp. 108-112. 邦訳 125-128 頁.

(30) *Ibid.*, Pars II, a. 64, p. 78. 邦訳 99 頁.

(31) *Ibid.*, Pars III, a. 34, p. 94. 邦訳 114-115 頁.

(32) *Le Monde*, A. T. XI, p. 47. 前掲邦訳 111 頁.

(33) *Principia*, Pars IV, a. 203, A. T. IX, p. 321. 前掲邦訳 299-300 頁.

(34) *Ibid.*

(35) *Ibid.*

(36) *Ibid.*, Pars IV, a. 203, A. T. VIII-1, p. 326. 邦訳 301 頁.

(37) *Discours de la méthode*, A. T. VI, p. 64. 前掲邦訳 212 頁.

(38) *Principia*, Pars III. a. 46, A. T. VIII-1, p. 101. 前掲邦訳 120 頁. Cf. A. T. IX, p. 124.

(39) *Ibid*.

(40) *Ibid*., Pars III. a. 46, A. T. VIII-1, p. 101. 邦訳 120 頁. Cf. A. T. IX, p. 124.

(41) *Ibid*., a. 42, p. 99. 邦訳 119 頁.

(42) *Principes*, A. T. IX, p. 122.

(43) *Ibid*., a. 43, p. 99. 邦訳 119 頁.

(44) *Discours de la méthode*, A. T. VI, p. 65. 前掲邦訳 212 頁.

(45) *Ibid*., p. 76. 邦訳 220 頁.

(46) *Principia*, Pars I, a. 28, A. T. VIII-1, pp. 15-16. 前掲邦訳 39 頁.

(47) *Principes*, A. T. IX, Pars I, a. 29, p. 37.

(48) *Principia*, Pars III, a. 45, A. T. VIII-1, p. 100. 前掲邦訳 120 頁.

(49) *Ibid*., a. 47, p. 101. 邦訳 121 頁.

(50) *Le Monde*, A. T. XI, p. 39. 前掲邦訳 105 頁.

(51) *Ibid*., pp. 39-40. 邦訳 106 頁.

(52) Aristoteles, *Physica*, VIII, Ch. 7, 260a 26-261a20. Cf. G. G. Granger, *La théorie aristotélicienne de la science*, Aubier-Montaigne, 1976, pp. 256-276; M. Clavelin, *La philosophie naturelle de Galilée: Essais sur les origines et la formation de la mécanique classique*, Armand Colin, 1968, pp. 19-74.

(53) *Ibid*., III, Ch. 1, 200b32.

(54) *Ibid*., V, Ch. 2, 225b15.

(55) *Le Monde*, A. T. XI, p. 38. 前掲邦訳 105 頁.

(56) *Principia*, Pars II, a. 25, A. T. VIII-1, p. 54. 前掲邦訳, 76 頁.

(57) Voltaire, *Dictionnaire philosophique*, Article: “Car-

tésianisme". Cf. R. Dugas, *La mécanique au 17ᵉ siècle*, Neuchâtel, Editions du Griffon, 1954, p. 413.

(58) J. Herivel, *The Background to Newton's Principia*, Oxford Univ. Press, 1965, p. 141. Axiom 1 "if a quantity once move it will never rest unlesse hinderd by some externall caus,": Axiom 2 "a quantity will always move on in the same streight line (not changing the determination nor celerity of its motion) unlesse some externall cause divert it."

(59) *Ibid.*, p. 153. Axiom 100: "Every thing doth naturally persevere in that state in which it is unlesse it bee interrupted by some externall cause,... A body once moved will always keepe the same celerity, quantity and determination of its motion."

(60) *Principia*, Pars II, a. 37, A. T. VIII-1, p. 62. 前掲邦訳84頁.

(61) *Ibid.*, a. 43, pp. 66-67. 邦訳88頁.

(62) J. Herivel, *op. cit.*, Axioms 20-21, pp. 146-147.

(63) ニュートンの分析は次のようなものである．まず，本文中でのべたように，彼は遠心力(conatus a centro)を，物体が弧ADだけ通過する間に，物体を円周上の点Dから法線BDに沿ってBまで遠ざけようとする力であると解する．ついで，ここで，この遠心力は重力と同様の仕方で働くと想定して，ガリレイの自由落下の法則(物体の落下の加速度の概念)を適用し，遠心力は物体を時間の2乗に比例する距離だけ押しやるものと考える．そこでニュートンは次のような仕方で，遠心力が物体を法線方向に円運動の周期の間に押しやる距離dを計算する．

$$\frac{\mathrm{DB}}{\mathrm{d}}=\frac{(\mathrm{AD})^2}{(\mathrm{ADEA})^2}=\frac{(\mathrm{AD})^2}{(2\pi\mathrm{R})^2}$$

ところで，ユークリッドの『原論』の第3巻の定理によれば，

$$\frac{\mathrm{BE}}{\mathrm{BA}}=\frac{\mathrm{BA}}{\mathrm{BD}}$$

また，十分に小さな時間に対しては，

$$\mathrm{BE}\sim\mathrm{DE}=2\mathrm{R},\quad \mathrm{BA}\sim\mathrm{DA}$$

したがって，

$$\frac{2R}{DA}=\frac{DA}{DB}$$

そこでこの式と第一の式とから，

$$d=2\pi^2R \qquad (ニュートンの結論)$$

ところで，この距離dとは，遠心力に等しい力が一定方向に円運動の周期に等しい時間，働いた場合に，物体が押しやられる距離なのであるから，Vを円運動の速度とすると，円運動の加速度として，V^2/Rが得られる．

なお，ホイヘンスがニュートンに先立って，この加速度の定式化に至ったとき(1659年．ただし，彼はその定式をすぐには公表せず，また生前には(1673年)，証明なしの命題という形でしか与えていない)，彼もまた上記の図と同様のものを活用し，しかも遠心力という概念に従っておこなっている(*De vi centrifuga*, in *Œuvres complètes*, tome 17, pp. 253-301)．このことは，ホイヘンスの父がデカルトの友人であり，彼がデカルトの著作に親しんでおり，父宛の書簡にも接していたであろうことからすれば，不思議なことではない．

(64) *Ibid.*, pp. 52-53.

(65) Lettre à Huygens, le 5 octobre 1637, A. T. I, pp. 435-436.

(66) Lettre à Mersenne, le 12 septembre 1638, A. T. II, p. 354.

(67) Lettre à Mersenne, le 2 février 1643, A. T. III, p. 614.

(68) P. Duhem, *Les origines de la statique*, tome 1, p. 346.

(69) *Ibid.*, p. 337.

(70) Lettre à Mersenne, le 13 juillet 1638, A. T. II, p. 229.

(71) *Ibid.*, pp. 233-234.

(72) P. Duhem, *op. cit.*, tome 2, pp. 265-269; E. Mach, *Die Mechanik*, Darmstadt, Wissenschaftliche Buchgesellschaft (reprint), 1976, p. 52. 邦訳(伏見譲訳『マッハ力学』，講談社，1969年，49頁)．

(73) P. Duhem, *op. cit.*, tome 1, p. 351.

(74) Cf. Leibniz, *Specimen Dynamicum*, in *Mathematische Schriften*, Gerhardt, Bd. 6, pp. 233-239; M. Gueroult, *Leibniz, dynamique et métaphysique*, Aubier-Montaigne, 1967, pp. 61-70.

(75) Lettre à Huygens, le 18 ou 19 février 1643, A. T. III, pp. 617-630.

(76) Cf. Les notes de P. Tannery, A. T. II, p. 508; A. T. III, pp. 630-631.

(77) *Ibid.*, p. 625.

(78) *Ibid.*, p. 627.

(79) J.-L. Lagrange, *La théorie des fonctions analytiques*, in *Œuvres*, tome 9-10, Olms (reprint), 1973, p. 337.

(80) *Ibid.*, pp. 337-343.

(81) 本章第1節99頁参照.

(82) Cf. J. Vuillemin, *Mathématiques et métaphysique chez Descartes, op. cit.*, p. 95.

(83) J.-L. Lagrange, *op. cit.*, p. 16.

V デカルト自然学の限界と問題

(1) *Principia*, Pars III, a. 121, A. T. VIII-1, p. 170. 前掲邦訳168頁.

(2) Lettre à De Beaune, le 30 avril 1639, A. T. II, pp. 543-544.

(3) *Principia*, Pars III, a. 122, A. T. VIII-1, p. 172. 前掲邦訳169頁.

(4) *Le Monde*, A. T. XI, p. 66. 前掲邦訳124頁.

(5) *Principia*, A. T. VIII-1, Pars III, a. 123, A. T. VIII-1, pp. 172-173. 前掲邦訳169-170頁.

(6) *Le Monde*, *op. cit.*, p. 67. 前掲邦訳125頁.

(7) *Ibid.*, p. 67. Cf. *ibid.*, p. 66. 邦訳124頁.

(8) *Principia*, Pars II, a. 43, A. T. VIII-1, pp. 66-67. 前

掲邦訳88頁.

(9) *Ibid.*, a. 45, p. 67. 邦訳87頁.

(10) *Ibid.*, Pars II, a. 53, p. 70. 邦訳92頁.

(11) *Ibid.*

(12) *Ibid.*, Pars IV, a. 25, p. 214. 邦訳204頁.

(13) Lettre à Mersenne, octobre ou novembre 1631, A. T. I, p. 230.

(14) Lettre à Mersenne, le 13 juillet 1638, A. T. II, pp. 226-228; cf. Lettre à Huygens, le 5 octobre 1637, A. T. I, pp. 446-447.「そういうわけで，古代人が想定したように，重心は各々の物体において固定され不動のものであるということはないのである」(p. 447のP. タンヌリの注釈を参照).

(15) Lettre à Mersenne contre Roberval, le 2 novembre 1646, A. T. IV, p. 546.

(16) Lettre à Cavendish, le 2 novembre 1646, A. T. IV, p. 561; cf. Lettre à Mersenne contre Roberval, le 2 novembre 1646, A. T. IV, pp. 543-546.

(17) Lettre à Mersenne, le 13 juillet 1638, A. T. II, pp. 223-224. ガリレオの，重さというのは物体に内在する力であって，それによって物体は地球の中心に本性的に向かうという考えについては, M. Clavelin, *La philosophie naturelle de Galilée: Essais sur les origines et la formation de la mécanique classique*, *op. cit.*, pp. 260-261.

(18) *Principia*, Pars IV, a. 20-23, A. T. VIII-1, pp. 212-214. 前掲邦訳202-203頁.

(19) Lettre à Mersenne, le 13 juillet 1638, A. T. II, p. 224.

(20) *Ibid.*, p. 225.

(21) *Ibid.*, pp. 226-227.

(22) *Ibid.*, p. 227.

(23) Lettre à Huygens, le 18 ou 19 février 1643, A. T. III, p. 623.

(24) Lettre à Mersenne, le 12 septembre 1638, A. T. II, p. 355.

(25) この点詳しくは，拙著『デカルト哲学の体系——自然学・形而上学・道徳論』，前掲，第三部第一章第1節参照.

(26) A. Koyré, *Etudes galiléennes*, Herman, 1966, p. 151.

(27) *Physico-mathematica*, A. T. X, pp. 75-78; *Cogitationes privatae*, A. T. X, pp. 219-220; *Varia*, A. T. X, pp. 58-60.

(28) *Ibid.*, p. 68.

(29) Lettre à Mersenne, le 15 avril 1630, A. T. I, p. 140.

(30) *Ibid.*

(31) Lettre à Mersenne, le 13 novembre 1629, A. T. I, pp. 71-73. このラテン語の断片の執筆時期の推定についてはタンヌリの注釈(p. 75)を参照. なお，この書簡はデカルトが,「被造物の延長は無限かどうか，想像空間には創造された真の物体が存在するのかどうか」という問題，すなわち「物質即延長説」に帰着する問題が提起される時(1629年12月18日，メルセンヌ宛書簡)より前，したがってまた「永遠真理創造説」が表明される時(1630年4月15日，メルセンヌ宛書簡)より前のものである.

(32) Lettre à Mersenne, le 11 octobre 1631(?), A. T. I, pp. 221-222.

(33) Lettre à Mersenne, octobre ou novembre 1631, A. T. I, p. 228.

(34) *Ibid.*, p. 230.

(35) Lettre à Mersenne, le 1er octobre 1638, A. T. II, p. 385.

(36) Lettre à De Beaune, le 30 avril 1639, A. T. II, p. 544.

(37) Cf. M. Clavelin, La *philosophie naturelle de Galilée*, *op. cit.*, pp. 136-141, p. 287.

(38) Lettre à Mersenne, le 2 mars 1646, A. T. IV, p. 364.

(39) Lettre à Mersenne, le 2 mars 1646, A. T. IV, pp. 366-371. なお，このデカルトの分析についてのP. タンヌリの注釈と解説(pp. 370-371)を参照. また，この問題については，マッハが，ホイヘンスの与えた正解に言及しながら立ち入った解説をおこなっており，これはおおいに参考に値するものである. E. Mach,

Die Mechanik, *op. cit.*, pp. 167-173. 前掲邦訳 158-166 頁.

(40) Lettre à Cavendish, le 30 mars 1646, A. T. IV, p. 384.

(41) J.-L. Lagrange, *La mécanique analytique*, A. Blanchard (reprint), 1965, tome 1, p. 216.

(42) この点の明解な解説として E. Mach, *op. cit.*, pp. 172-173. 邦訳 163-166 頁参照.

(43) P. タンヌリの, 上記メルセンヌ宛書簡に対する注釈参照. A. T. IV, pp. 370-371.

(44) 複振子の運動方程式は,

$$I\frac{d^2\theta}{dt^2}=-Mgh\sin\theta$$

$$I=\sum m\rho^2=Mk^2=\text{慣性モメント}$$

(m, ρ, k はそれぞれ, 各要素の質量, それの回転軸に対する距離, 回転軸に関する回転半径. θ=直線 OG が垂直方向となす角, h=重心と回転軸との距離).

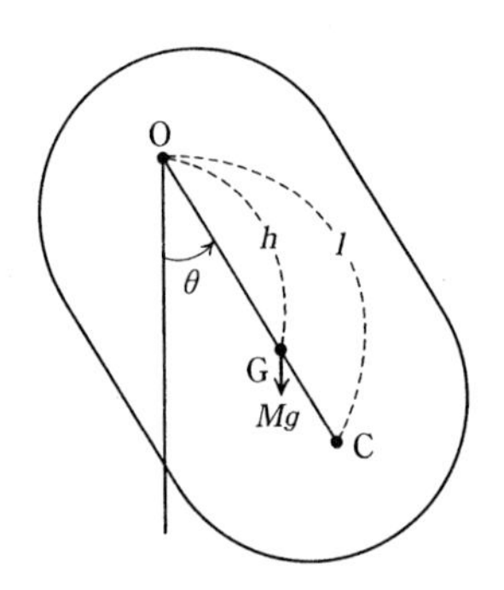

ところで単振子の運動方程式は,

$$\frac{d^2\theta}{dt^2}=-\frac{g}{l}\sin\theta$$

したがって, これらの二つの運動方程式を比較すると, 相当単振子の長さとして,

$$l=\frac{I}{Mh}=\frac{k^2}{h}$$

を得る．この相当単振子の長さを，本文中の式に従って表せば，

$$l=\frac{I}{Mh}=\frac{\sum m\rho^2}{Mh}=\frac{\sum m\rho^2}{\sum m\rho\cos\alpha}$$

となる．

(45) J.-L. Lagrange, *op. cit.*, pp. 216-217.

(46) Lettre à Cavendish, le 30 mars 1646, A. T. IV, pp. 380-381.

(47) Lettre à Cavendish, le 2 novembre 1646, A. T. IV, p. 560.

(48) *Ibid.*, pp. 559-561.

(49) *Ibid.*, pp. 560-561.

(50) *Ibid.*

(51) Lettre à Mersenne contre Roberval, le 2 novembre 1646, A. T. IV, p. 546.

(52) *Ibid.*, p. 546.

VI デカルト自然学の批判的改編

(1) Ch. Huygens, *Traité de la lumière avec un discours de la cause de la pesanteur*, Bruxelles, Culture et Civilisation (reprint), 1967, pp. 135-137.

(2) *Le Monde*, ch. 13, ch. 14. 光の諸性質については，ch. 14, A. T. XI, p. 98. 前掲邦訳 147 頁. *Principia*, Pars III, A. T. VIII-1, a. 55-a. 64, 特に，a. 63, a. 64. 前掲邦訳 125-132 頁.

(3) *Dioptrique*, A. T. VI, p. 83. 前掲邦訳 114 頁.

(4) *Ibid.*, p. 88, p. 103. 邦訳 117 頁，129 頁.

(5) Huygens, *op. cit.*, p. 9.

(6) *Ibid.*, pp. 11-12, p. 17.

(7) Huygens, *Œuvres complètes* (O. C. と略称), publiées par la Société Hollandaise des Sciences, tome 16 (1929), p. 384.

(8) Huygens, *De vi centrifuga*, O.C. tome 17 (1932), p. 257, cf. traduction française, p. 256. 邦訳(横山雅彦訳『遠心力論』,『ホイヘンス』科学の名著, 朝日出版社, 1989年, 84頁).

(9) Huygens, *Traité de la lumière*, *op. cit.*, p. 3.

(10) Huygens, *De vi centrifuga*, *op. cit.*, p. 259, cf. traduction française, p. 258. 邦訳 86-87 頁.

(11) Huygens, *Horologium oscillatorium*, O. C. tome 18 (1934), 2ᵉ Partie, Hypothèse 2, p. 125, cf. traduction française, p. 124. 邦訳 87 頁注 9 参照.

(12) Huygens, *De vi centrifuga*, *op. cit.*, pp. 267, cf. traduction française, p. 266. 邦訳 93 頁.

(13) ホイヘンス『遠心力論』, 前掲邦訳, 84-100 頁参照.

(14) Huygens, *De gravitate* (1668), O. C. tome 19 (1937), p. 627. また,次の書簡を参照.Lettre à l'auteur du journal [des savants] (1669), O. C. tome 16, p. 180. この書簡でホイヘンスは「物体の衝突における運動の規則」をまとめて, 次のようにいっている.「私は以上のすべてのことにおいて, 同じ物質からなる諸々の物体を考察している. あるいは, 私はそれらの物体の大きさは重さによって算定されるものと理解している」.

(15) Huygens, *Traité de la cause de la pesanteur*, *op. cit.*, p. 140.

(16) Huygens, *Horologium oscillatorium*, *op. cit.*, 4ᵉ Partie, Prop. 5, p. 259, cf. traduction française, p. 258.

(17) J.-L. Lagrange, *La mécanique analytique*, *op. cit.*, tome 1, p. 218.

(18) Huygens, *Horologium oscillatorium*, *op. cit.*, 4ᵉ Partie, Prop. 5, pp. 259-263. Cf. traduction française, pp. 258-262. ホイヘンスのこの問題の論証については, 先述の, マッハによる現代物理学の表現に基づく明解な説明(E. Mach, *Die Mechanik*, *op. cit.*, pp. 166-173. 邦訳 158-163 頁), および原亨吉氏による原典に即した貴重な解説(『ホイヘンス』前掲書解説, pp. liii-lvi)を参照.

(19) Newton, *De gravitatione et aequipondio fluidorum*,

in *Unpublished scientific papers*, ed. and with the English Translation by A. R. Hall and M. B. Hall, Cambridge Univ. Press, 1962, p. 99, p. 132(tr).

(20) Lettre à Arnaud, le 29 juillet 1648, A. T. V, p. 224.

(21) Lettre à Mersenne, le 29 mai 1638, A. T. II, p. 138.

(22) Newton, *De gravitatione et aequipondio fluidorum*, *op. cit.*, p. 99, p. 132(tr).

(23) *Ibid.*, p. 96, p. 129(tr).

(24) Newton, *Principia mathematica*, vol. 1, Cambridge Univ. Press, 1972, Def., 1, pp. 39-40. 邦訳(河辺六男訳『自然哲学の数学的諸原理』,『ニュートン』世界の名著，中央公論社，1971年，60頁). ニュートンのいう，質量と重さとの間の比例関係を確認する実験については，*Principia*, Lib., 3, Prop. 6, Theorem 6, pp. 572-573. 前掲邦訳428-429頁参照.

(25) Newton, *Principia*, *op. cit.*, "Scholium generale", vol. 2, p. 764. 前掲邦訳564頁.

(26) Newton, *Unpublished Scientific Papers*, *op. cit.*, p. 350, p. 353(tr).

(27) J.-L. Lagrange, *op. cit.*, p. 227. ニュートンの『プリンキピア』では，*Principia*, *op. cit.*, vol. 1, pp. 61-63. 前掲邦訳77-79頁参照.

(28) L. Euler, *Anleitung zur Naturlehre*, in *Opera omnia*, 3e série, vol. 1, cap. 14, a. 105, p. 112.

(29) L. Euler, *ibid.*, cap. 19, a. 149-a. 151.

(30) L. Euler, *Lettres à une Princesse d'Allemagne*, in *Opera omnia*, 3e série, vol. 12(trois tomes), Lettre 134(tome 2), pp. 4-6.

(31) *Ibid.*, Lettre 178(tome 3), p. 120.

(32) *Ibid.*, Lettre 122(tome 2), pp. 288-289.

(33) *Meditationes*, A. T. VII, p. 80. 前掲邦訳298頁.

(34) L. Euler, *Lettres à une Princesse d'Allemagne*, *op. cit.*, Lettre 96(tome 2), p. 218.

(35) *Ibid.*, Lettre 97(tome 2), p. 220.「観念論者の見解の論

駁」というのはこの書簡 97 のタイトルである．なお，興味深いことに，カントの「観念論論駁」の第一の相手もバークレーである．また，この両者の観念論論駁には共通点が見受けられる．それは，議論の核心が，われわれの外的感覚経験はわれわれの外なる実在的事物の存在に対する確信なしにはなされないと主張する点である（カントがいうのは，「外的知覚は外的対象の現実性によってのみ可能となる」ということ，より一般的には「内的経験一般は外的経験一般によってのみ可能となる」ということである．Kant, *Kritik der reinen Vernunft*, B. 278-279. 邦訳（原佑訳『純粋理性批判』カント全集第 4 巻，理想社，1966 年，348-359 頁）．

(36)　*Ibid.*, Lettre 117 (tome 2), p. 277.

(37)　ダランベールにおける物質的事物の存在証明に対する懐疑については，d'Alembert, *Eléments de philosophie* (1759), in *Œuvres complètes*, tome 1, Slatkine Reprint 1967, pp. 180-186 参照.

(38)　L. Euler, *Découverte d'un nouveau principe de mécanique*, in *Opera omnia*, 2ᵉ série, vol. 5, p. 89. この論文でオイラーが与えている「あらゆる力学の一般的かつ根本的原理」というのは次のようなものである．

$$2Mddx = Pdt^2$$

あるいは

$$2Mddx = Pdt^2 \; ; \; 2Mddy = Qdt^2 \; ; \; 2Mddz = Rdt^2$$

ここで P, Q, R, 2 はそれぞれ，力の成分と，力の単位の選択に由来する係数．なおオイラーによるニュートンの運動の第二法則の最初の解析的定式化は，次の書物にまで遡る．*Mechanica, sive motus scientia analytice exposa* (1736)．この点については次の書物を参照．C. Truesdell, *Essays in the History of Mechanics*, Springer, 1968, p. 116f.

(39)　L. Euler, *Anleitung zur Naturlehre*, *op. cit.*, cap. 2, a. 9, p. 22.

(40)　L. Euler, *ibid.*, cap. 3. a. 25, pp. 36-37.

(41)　この論文がカントにおいて空間についての重要な反省を喚起することになった点については，カント自身の次の論文における言及を参照. Von dem ersten Grunde des Unterschiedes der Gegenden im Raume, Ak. Bd. 2, p. 378 f. 邦訳(川戸好武訳『空間における方位の区別の第一根拠について(1768)』, 前掲カント全集第3巻, 1965年, 204-205頁).

(42) L. Euler, *Réflexion sur l'espace et le temps*, in *Opera omnia*, 3ᵉ série, vol. 2, p. 381.

(43) *Ibid.*

(44) L. Euler, *Anleitung zur Naturlehre*, *op. cit.*, cap. 19, a. 141, pp. 150-151.

(45) L. Euler, *Découverte d'un nouveau principe de mécanique*, *op. cit.*, p. 88 f.

(46) この点の明解な解説としては, アインシュタイン, インフェルト『物理学はいかに創られたか』下(石原純訳), 岩波新書, 1940年, 77-80頁参照.

(47) A. Einstein, "Forword to *The Concept of Space* of Max Jammer", Harvard Univ. Press, 1954, pp. xv-xvi. 邦訳(大槻・高橋訳『空間の概念』, 講談社, 1980年, 7頁).

(48) A. Einstein, "Relativity and the Problem of Space", in *Ideas and Opinions*, based on *Mein Weltbild*, edited by Carl Seeling, and other sources, new translation and revision by S. Bargmann, Crown Publishers, 1956, pp. 366-367.

結び デカルト自然学の価値と射程

(1) E. Mach, *Die Mechanik*, *op. cit.*, pp. 222-223. 前掲邦訳211頁.

(2) *Ibid.*, p. 227. 邦訳216頁.

(3) *Ibid.*, p. 227. 同上.

(4) *Ibid.*, pp. 216-237. 邦訳205-225頁, 特に215頁.

(5) *Ibid.*, p. 229. 邦訳217頁.

(6) *Ibid.*, pp. 230-231. 邦訳219頁.

(7) 佐藤文隆『宇宙論への招待——プリンキピアとビッグバン』, 岩波書店, 1989年, 第3章, 特に68-73頁.

(8) A. Einstein, "Relativity and the Problem of Space", in *Ideas and Opinions*, *op. cit.*, p. 367.

(9) *Ibid.*, pp. 375-376.

(10) A. Einstein, "Forword to *the Concept of Space* of M. Jammer", *op. cit.*, pp. xiv-xvi.

あとがき

本書は1993年にフランスのヴラン社(Vrin)より出版された拙著(*La philosophie naturelle de Descartes*)の日本語版である。ただし，両者は逐語的に対応するわけではなくて，フランス語版から，多少，文章の構造を変えて訳したり，いくらかの箇所で文章を付け加えたりもした.

原書執筆の発端は，私が1991年，パリのコレージュ・ドゥ・フランスで行った「デカルトの自然哲学の限界と射程」と題する八回にわたる連続講演である．これはコレージュ・ドゥ・フランスのJ. ヴィユマン教授にデカルト哲学についての研究成果を話してみるよう招かれて行ったものである．デカルト研究の本場での，しかも専門家をも前にしての公開講演でもあり，当初は大変恐縮した．しかし，デカルトの自然学や自然哲学についてはフランスでも充分に研究されてはおらず，その評価もしっかりしたものはなかったので，このテーマならフランス本国での研究の進展に貢献できると思い，招待をお受けし一連の講演をおこなった．講演にはヴィユマン教授はもちろん，G. ロディス＝レヴィス，パリ・ソルボンヌ大学(名誉)教授や現役のJ.-M. ベイサード教授，またコレージュ・ドゥ・フランスのG. G. グランジェ教授といった面々が出席され，多くの有意義な質疑応答を重ねることができた．この連続講演の原稿に多少の手直しを施し，序論を付け加えて出版したのが本書のフランス語版である．これは，M. ブレイ氏とH. シナサー女史(C. N. R. S. 研究主任)が監修する叢書「マテーシス(Mathesis)」という，科学史・科学哲学，エピステモロジーの専門書のシリーズの一冊として出版された．よろこばしいことに，小冊子ながらもこの版は，いくつかの外国の雑誌や書物で取り上げられ，たいへん好意的な書評や評価を得ることができた．

フランス語版が出版されて後，日本の師友の何人かの方から，日本語版を出すように勧められた．私としてもできれば，日本の研究者や読者に日本語で読んでもらって意見や批判を仰ぎたいと願った．そこで日本語版への翻訳にとりかかったのだが，これは思いのほか時間を要した．私自身の生来の手際のまずさと公私にわたる多忙にもよるが，そればかりではなく，一度外国語で著した本を，母国語に自分で翻訳するという仕事の意外な難しさに戸惑ったところもあった．

出版を引き受けてくださった岩波書店の中川和夫氏は，「ご自分の著作の翻訳なので，書き下ろしのつもりでやってみてください」と言われたのだが，文字通りに書き下ろすわけにもいかず，フランス語の構文にどうしても引きずられるところもあって，予想を超えて手間取ることになってしまった．私の判断でフランス語版から離れることができるということは，通常の翻訳の場合のように原書に拠って忠実に訳すという原則が採れないということでもあった．もちろん，これは自由で気分的にも楽なことであるが，一面，いわば自分を実験台として翻訳の迷路をのぞき込むような経験であった．中川氏には，予定よりも翻訳の完成が遅れてしまったことに対してまずお詫びするとともに，当初より刊行に一貫して尽力していただいたことに対して衷心より謝意を表させていただきたい.

1996 年はデカルト生誕四百年にあたる. これを記念して, フランスはもちろんのこと様々な国で多くの国際会議が行われ, またこれからも計画されている. この年に本書を公刊することができることは私にとって大きな喜びである.

本書で私がデカルト哲学に関してもっぱら取り上げたのは, 創造論, 自然学の認識論的・形而上学的基礎づけ, 自然哲学, 力学と宇宙論的自然学といった主題にかかわる事柄である. これは, デカルトの哲学とはすなわち「コギトの哲学」ないし「意識中心の哲学」, あるいは「自然支配の近代自然観の元祖」とする評価に馴染まれた読者には意外かもしれない. しかし,「序論」でも強調したように, これがデカルトの体系の「根」と「幹」を構成するものなのである. 私見によれば, これがデカルト哲学の主要な軸なのである(もちろん, デカルト哲学がこれに本質的に尽きるなどというつもりはまったくないが).

本書の執筆中, 私の念頭を去らなかったのは, これまでのデカルト解釈や科学思想史的観点からの評価であり, それらへの批判が構想の基本的なモチーフとなっている. ただ, 連続講義という, 本書成立の事情もあって, 論述は多少とも専門的な細部にわたることになった. そうしたテクニカルな叙述はさておいて, 本書の大筋につき, 意のあるところを汲み取っていただければ幸いである. 繰り返せば, デカルトの体系は,「近代の意識中心の哲学の祖」とか「自然支配の自然観の元祖」といった捕らえ方に尽くされるものではなく, 認識論と形而上学から力学や宇宙論にまたがる, 極めてスケールの大きな, また懐の深いものであること, そのことに本書の記述が多少ともとどいていることを願うばかりである．また，私の解釈の方向と細部の分析について，大方の忌憚のないご批判を賜りたく思う．

最後になったが，原著を書き上げる段階で様々な有益な批判と助言をいただいた方々に改めて感謝しなければならない．とりわけ，原著執筆のそもそものきっかけを与えてくださっただけでなく，全体にわたる貴重なコメントと懇切な序文を寄せられたヴィユマン教授に感謝を捧げたい．また，私の講演の際にいくつかの重要な指摘をいただき，最近も「アルシーヴ・ドゥ・フィロゾフィ（Archives de philosophie）」の『デカルト紀要（*Bulletin cartésien*）』で大変丁寧な書評をしてくださったロディス＝レヴィス教授に重ねてお礼を申し上げる．なお，日本語の本書出版にあたり，校正の段階で，畏友，松田克進君に御世話になった．ここに厚く感謝の意を表する次第である．

長岡京にて

小林道夫

■岩波オンデマンドブックス■

デカルトの自然哲学

1996年9月26日　第1刷発行
2015年9月10日　オンデマンド版発行

著　者　小林道夫（こばやしみちお）

発行者　岡本　厚

発行所　株式会社　岩波書店
〒101-8002 東京都千代田区一ツ橋2-5-5
電話案内 03-5210-4000
http://www.iwanami.co.jp/

印刷／製本・法令印刷

ISBN 978-4-00-730275-6　　Printed in Japan